新发展阶段下
中国长三角能源一体化
高质量发展研究

Research on High Quality Development of Energy Integration of the Yangtze River Delta in the New Development Stage

国务院发展研究中心资源与环境政策研究所　编著

北　京

冶 金 工 业 出 版 社

2021

图书在版编目(CIP)数据

新发展阶段下中国长三角能源一体化高质量发展研究/
国务院发展研究中心资源与环境政策研究所编著. —北京:
冶金工业出版社,2021.9

ISBN 978-7-5024-8928-1

Ⅰ.①新… Ⅱ.①国… Ⅲ.①长江三角洲—能源发展—
—体化—研究 Ⅳ.①F426.2

中国版本图书馆 CIP 数据核字(2021)第 185573 号

出 版 人 苏长永
地 址 北京市东城区嵩祝院北巷 39 号 邮编 100009 电话 (010)64027926
网 址 www.cnmip.com.cn 电子信箱 yjcbs@cnmip.com.cn
责任编辑 曾 媛 美术编辑 彭子赫 版式设计 彭子赫
责任校对 李 娜 责任印制 李玉山
ISBN 978-7-5024-8928-1
冶金工业出版社出版发行;各地新华书店经销;北京博海升彩色印刷有限公司印刷
2021 年 9 月第 1 版,2021 年 9 月第 1 次印刷
710mm×1000mm 1/16;5.5 印张;71 千字;76 页
80.00 元

冶金工业出版社 投稿电话 (010)64027932 投稿信箱 tougao@cnmip.com.cn
冶金工业出版社营销中心 电话 (010)64044283 传真 (010)64027893
冶金工业出版社天猫旗舰店 yjgycbs.tmall.com
(本书如有印装质量问题,本社营销中心负责退换)

本书编委会

郭焦锋　　李继峰　　高世楫　　韩　雪

张　绚　　王晓飞　　文　腾　　张　莹

鲁书伶　　凌　芸　　史大諰　　陈珊珊

魏浩昆　　孙佳玥　　徐　洁　　吴鼎文

冯　阔　　赵　聪　　李泳禧　　唐艺宁

总协调人

郭焦锋

前　言

　　长三角是中国经济最发达、最具活力的区域，加快推进长三角一体化发展，建设具有全球影响力的世界级城市群，既是大势所趋，也是内在要求。长三角区域的一体化高质量发展，必然要求能源的一体化高质量发展。长三角能源一体化高质量发展，是中国经济社会持续健康发展的重要支撑，也有利于维护世界能源安全、应对全球气候变化、促进世界经济增长。

　　能源是社会生产所需的基本要素之一，是国民经济发展的基础和保障。立足新发展阶段，我们要深刻认识新时代长三角能源一体化高质量发展的重大意义。经过改革开放四十多年的不懈奋斗，中国经济实力、科技实力、综合国力和人民生活水平跃上了新台阶，拥有了开启新征程、实现新的更高目标的雄厚物质基础。长三角作为未来中国区域经济的重要增长点之一，具有重大示范引领作用。2020-2060 年，长三角 GDP 增长趋势与全国保持一致，增速略高于全国平均水平，产业结构和产品结构持续优化，高质量人才不断集聚，各省市之间的经济联系日益增强。长三角能源一体化将成为经济社会一体化高质量发展的重要保障。

　　完整准确全面贯彻新发展理念，深化长三角能源供给侧结构性改革、推进能源消费方式变革。长三角在新发展阶段下，依靠理念创新、科技创新、制度创新和商业模式创新，提高能源生产和能源消费的效率；通过协调区域内能源生产和消费布局，解决能源发展水平不平衡、方式不协调问题；遵循绿色发展要求，全面推动能源利用绿色化、低碳化、数字化发展；秉承开放发展理念，参与区域与国际能源产能合作、区域与国际能源治理；坚持发展为了人民、发展成果由人民共享的原则，确保经济社会发展与人民生活水平提高所需的能源供给。通过贯彻新发展理念，到 2025 年，长三角能源一体化高质量发展取得实质性进展，能源消费总量于 2030 年左右进入峰值平台期，能源消费结构持续调整，2030 年前实现碳达峰。构建以国内循环为主体、国内国际双循环的新发展格局，推动实现长三角区域内能源"小循环"、国内"大循环"、国内国际"双循环"。一方面，长三角区域级能源一体化应发展以不同组团为单位、相互连接的区域综合能源网络，以能源互联网理念进行规划，通过不同区域网间能源的互联互通，将"能从远方来"变为"能从远方来、能从身边来"并举，实现区域内"小循环"；另一方面，长三角区域煤炭、石油、天然气等化石能源资源储量短缺，风能、太阳能资源开发潜力有限，随着未来能源结构不断优化，在煤炭可基本满足区域内需求的基础上，还要进一步减少区域内煤炭产量，释放煤炭的先进产能，同时仍需推进电能替代以减少石油需求。天然气需要依赖国外进口保障供给，通过统筹推进液化天然气（LNG）接收站建设、完善长三角天然气主干网架结构、加快石油管网建设等，实现国内"大循环"及国内国际"双循环"。

　　立足新发展阶段、贯彻新发展理念、构建新发展格局，我们要加快打造清洁低碳、智慧高效、经济安全的现代能源体系，高起点谋划新时代长三角能源一体化高质量发展，使其成为中国区域能源一体化高质量发展的先行者。

本书编委会

2021 年 8 月 18 日

目　　录

目录 （图）

目录 （表）

第一章　至 2035 年中国长三角经济
高质量发展与能源供需展望

第一节　中国长三角经济发展展望

一、GDP 稳步增加，增速与全国总体趋势基本相同

长三角是中国经济最发达、最具活力的区域。2020 年长三角区域的经济总量高达 24 万亿元，占全国 GDP 总量的 24%。长三角区域经济韧性强，质量高。预计 2020 年到 2025 年，长三角区域 GDP 增速较快，从 3.3% 增至 5.7%（略高于 2025 年全国 GDP 增速的 5.3%）。预计 2025–2050 年间 GDP 增速呈下降趋势，其中 2025–2030 年 GDP 增速从 5.7% 降至 4.8%，到 2035 年降至 4.1%，到 2050 年降至 3.3%。预计 2050–2060 年，GDP 增速基本稳定在 3% 左右（见图 1-1）。长三

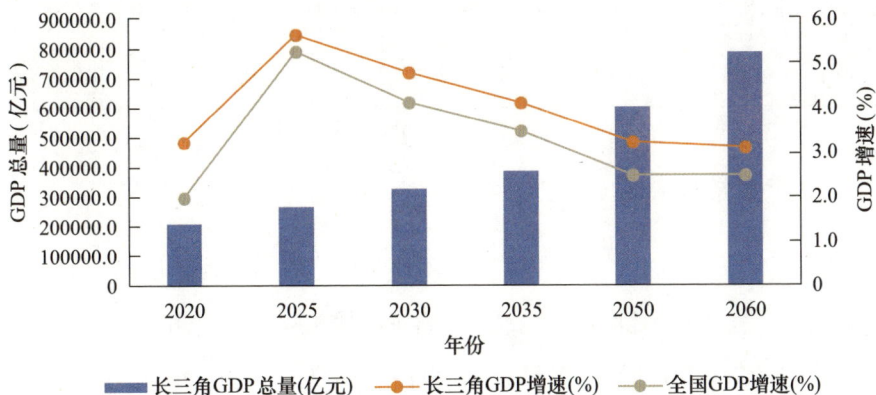

图 1-1　长三角 2020–2060 年 GDP 总量及增速

角的 GDP 总量的增速与《中国经济社会发展的中长期目标：战略与路径》报告中的基准方案下，未来中国经济增长速度预测的总体趋势相同，且长三角的 GDP 增速普遍高于全国 GDP 增速。

各省市 2020-2060 年 GDP 总量及增速见表 1-1。预计 2020-2025年，各省市 GDP 增速显著增加，到 2025 年，均达到最高 GDP 增速，其中上海和安徽的 GDP 增速均高于长三角区域 GDP 增速的 5.7%。预计 2025-2060 年，GDP 增速逐年放缓，最终都趋向于 3% 左右的 GDP增速。各省市的 GDP 增速变化趋势与长三角的变化趋势相符。

表 1-1　长三角各省市 2020-2060 年 GDP 总量及增速

项　　目	年份	上海	浙江	江苏	安徽
GDP 总量（亿元）	2020	32284	61681	96438	21223
	2025	40834	79577	126022	22380
	2030	49649	98643	158166	23074
	2035	57973	119352	187859	23745
	2050	82615	200945	295646	26830
	2060	102017	262740	397449	28334
GDP 增速（%）	2020	1.70	3.70	3.70	3.90
	2025	5.80	5.50	5.50	5.90
	2030	5.00	4.65	4.65	5.00
	2035	4.10	4.15	3.50	4.80
	2050	3.30	3.50	3.00	3.20
	2060	3.30	3.00	3.00	3.20

二、产业结构持续优化

预计 2020-2025 年，长三角区域第二产业比重从 41.1% 降至39.14%，略高于全国水平（34% 左右）；第三产业比重呈现稳步上升趋势，其在经济发展中的主导产业地位进一步凸显，2025 年第三产业比重将上升至 57.48%，较全国预测的 59% 左右略低。预计 2025-2030

年，长三角第三产业保持上升态势，比重增至 59.3%，第二产业下降至 38%。预计 2030-2035 年，第三产业比重呈稳步上升趋势，逐步成为经济发展的主导产业，第三产业比重在 2035 年增至 61.16%，三次产业结构由 2020 年的 3.9：41.1：55 调整为 2035 年的 2.14：36.7：61.16。预计 2050-2060 年，长三角区域的第三产业比重稳定在 70% 左右，在经济中的重要性得以体现，表明中国服务业正在走向一个全新的时代，第二产业比重稳定在 30% 左右（见图 1-2）。总体而言，长三角三次产业结构变化趋势与全国总体趋势呈现出相对一致性。

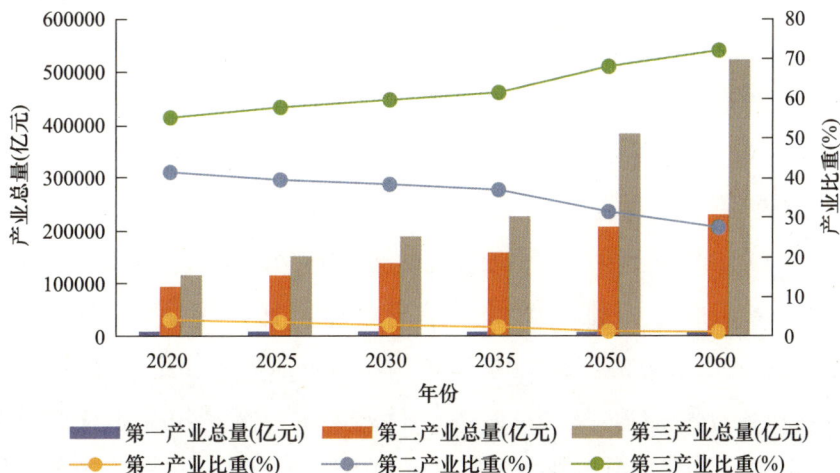

图 1-2　长三角 2020-2060 年各产业总量及比重

各省市 2020-2060 年三次产业的比重见表 1-2。上海市第三产业较为发达，在经济总量中占比较大，且占比稳步上升。预计到 2030 年，第三产业占比达到 78%，2035 年第三产业占比接近 80%，到 2060 年约为 82%。第二产业占比较小，且稳步下降。预计到 2030 年，第二产业占比达 22%，2035 年第二产业占比下降至约 20%，到 2060 年仅有 17% 左右。第一产业占比最小，几乎可以忽略不计。

浙江省第二产业稳定发展。2020 年，第二产业占比超 45%，预计到 2035 年稳定在 40% 左右，到 2050 年稳定在 35% 左右，到 2060 年约为29.6%。第三产业则呈现更加繁荣发展的趋势，在经济总量中占比较高，并且占比逐年稳步上升。预计到2030年，第三产业占比达到55%，2050年以后第三产业占比将超过60%，到2060年约为70%。第一产业则始终占比较小，预计到2050年后占比不足1%。

江苏省三次产业结构变化与浙江省有相似之处。其中，第二产业稳定发展，预计2020-2030年间，第二产业占比小幅下降，始终维持在45%左右；预计到2030年，第二产业产值约7万亿元，占比约为44%；到2035年下降至43.7%，到2050年达到36.6%，到2060年稳定在31.3%。第三产业较为发达，占经济总量比重逐年上升。2020年第三产业比重达到50%；预计到2030年，第三产业占比达到52.8%，2050年以后第三产业占比超过60%，到2060年约为67.8%。第一产业占比较小，预计到2060年后占比不足1%。

安徽省第二产业占比初始与第三产业相当，但预计将稳步下降。2020年，第二产业与第三产业的占比分别为46.4%、45.4%。预计到2030年，第二产业占比开始低于第三产业占比，到2035年，第二产业占比稳定在40.7%左右，到2050年，第二产业占比下降至40%以下，到2060年稳定在31.2%左右。伴随着第二产业占比的稳步下降，第三产业在经济总量中占比稳步上升。预计到2030年，第三产业占比达到51.5%，2050年以后第三产业占比将超过60%，到2060年约66.6%。第一产业占比最小，预计到2060年将降至2%左右。

表1-2　长三角各省市2020-2060年各产业比重　　　　（%）

产业占比	上海			产业占比	浙江		
	第一产业	第二产业	第三产业		第一产业	第二产业	第三产业
2020 年	0.26	26.60	73.14	2020 年	3.13	45.89	50.98
2025 年	0.19	24.09	75.71	2025 年	2.59	43.16	54.25
2030 年	0.15	22.07	77.77	2030 年	2.01	42.84	55.15
2035 年	0.13	20.55	79.32	2035 年	1.58	41.88	56.54
2050 年	0.08	18.53	81.40	2050 年	0.91	34.77	64.33
2060 年	0.10	17.10	82.80	2060 年	0.66	29.57	69.77

产业占比	江苏			产业占比	安徽		
	第一产业	第二产业	第三产业		第一产业	第二产业	第三产业
2020 年	4.28	45.55	50.17	2020 年	8.20	46.36	45.44
2025 年	3.36	44.85	51.79	2025 年	7.35	44.46	48.19
2030 年	2.62	44.62	52.76	2030 年	5.91	42.56	51.53
2035 年	2.06	43.72	54.22	2035 年	4.80	40.66	54.54
2050 年	1.19	36.60	62.20	2050 年	2.20	34.96	62.84
2060 年	0.88	31.29	67.83	2060 年	2.20	31.16	66.64

三、人口缓慢增长，增速略高于全国

2020-2060 年，由于人口聚集，长三角总人口依旧呈逐渐上升趋势，但人口增速呈下降趋势。对照《中国经济社会发展的中长期目标：战略与路径》对中长期中国人口总量及人口增速的预测结果显示，长三角的人口增速略高于全国人口增速（见图 1-3）。预计 2020-2025 年，长三角区域总人口由 23039 万人增至 23576 万人，但人口增速从 1.85% 降至 0.59%。预计 2025-2060 年，人口增速保持下降趋势，到 2060 年人口增速降至 0.24%。预计 2035-2050 年全国人口增速为 -2.3%，人口呈下降趋势，而与全国不同的是因长三角人口聚集，其人口增速仍为正，人口总量依旧呈现缓步上升趋势。

长三角的总体城镇化率较高（见图 1-3）。从全国来看，城镇化率在 2020 年为 60.4%，预计到 2035 年以后才突破 70%，2050 年预计达到 75%。长三角区域 2020 年的城镇化率已突破 70%，约为 72%。2020-2060 年，长三角城镇化率呈稳步上升趋势并逐渐趋于稳定状态。预计到 2035 年，长三角城镇化率将突破 80%。预计 2035-2050 年，城镇化率由 81.24% 增至 83.24%；2050-2060 年，城镇化率维持在 83.24%。

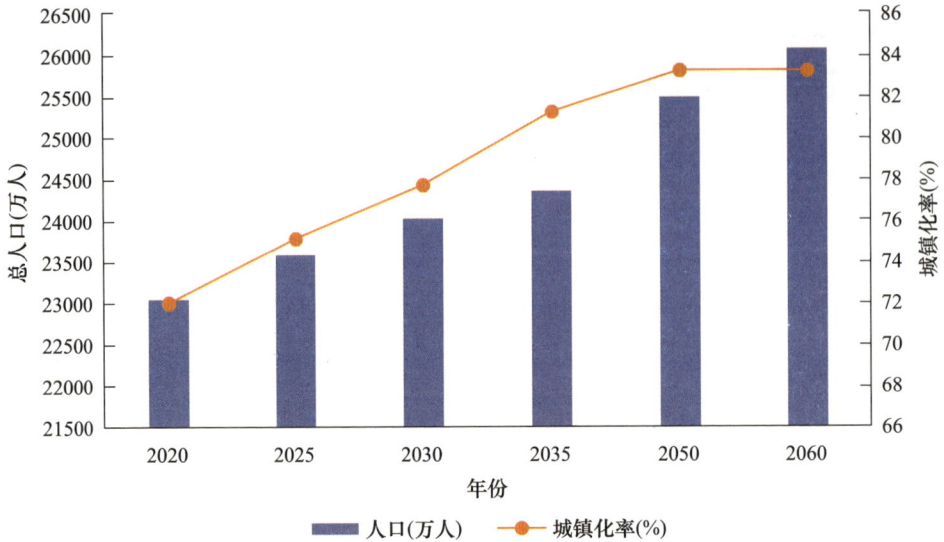

图 1-3 长三角 2020-2060 年总人口及城镇化率

长三角各省市人口总量见表 1-3。上海市人口增速与城镇化率基本稳定，人口总量呈现先升后降的趋势。预计到 2030 年，人口达到 2455 万人，由于人口老龄化等原因，2035 年开始人口缓慢下降，2060 年将下降至 2210 万人左右。浙江省人口总量稳步增加，但增速呈下降趋势，城镇化率基本稳定。预计到 2030 年，人口达到 6591 万人，2060 年将接近 8000 万人。江苏省人口增速前期较快，后期逐渐稳定，人口总量不断增加，城镇化率稳定在 80%左右。预计到 2030 年，人口达到 8646 万人，到 2060 年将突破 9000 万人。安徽省人口增速与城镇化率基本呈现上升态势，人口总量增速稳定在 0.8%。预计到 2030 年，人口达到 6324 万人，2040 年将首次超过 6500 万人，2060 年将上升至 6987 万人。城镇化率呈现稳步上升趋势，2020 年安徽城镇化率在 56.9%，到 2030 年即将突破 70%；2030-2050 年时段，城镇化率增值 84.5%，2050-2060 年间城镇化趋于稳定，维持在 84.5%不变。

表 1-3 长三角各省市 2020-2060 年总人口 　　（万人）

年份	上海	浙江	江苏	安徽
2020	2431	5938	8475	6196
2025	2443	6318	8560	6255
2030	2455	6591	8646	6324
2035	2443	6808	8733	6366
2050	2323	7411	8954	6800
2060	2210	7828	9043	6987

四、汽车保有量增加，但增速放缓

2020-2060 年，长三角区域汽车保有量呈稳定上升趋势。预计 2020-2030 年，汽车保有量增速保持在 17% 左右，从 2020 年的 5622 万辆增至 2030 年的 7729 万辆，增长主要来源于载客汽车保有量的增长。预计 2030-2035 年，汽车保有量的增速有所放缓，五年间平均增速为 13%。预计 2035-2050 年，汽车保有量增速进一步放缓，到 2050 年汽车保有量增至 11029 万辆。预计 2050-2060 年，十年间的汽车保有量平均增速仅 2.6%，到 2060 年汽车保有量约 11314 万辆（见图 1-4）。

各省市汽车保有量与载客、载货汽车保有量情况见表 1-4。上海市汽车保有量总体呈上升趋势，但增速逐步放缓。预计 2020-2030 年间，上海市汽车保有量增速较快，到 2030 年汽车保有量达到 686 万辆，此后增速下降，到 2050 年上海市汽车保有量增加约 868 万辆。这一时期，汽车保有量的增加主要来源于载客汽车。预计 2050-2060 年，上海市汽车保有量有所下降，到 2060 年约为 828 万辆。

浙江省汽车保有量逐年增加。预计 2020-2035 年间，浙江省汽车保有量以近 20% 的速度增长，至 2035 年汽车保有量达到 3271 万辆；预计 2035-2050 年间增长速度有所提高，汽车保有量增长速度在 41% 左右，至 2050 年达到 4610 万辆；预计 2050-2060 年间汽车保有量增速有所下降，增速在 6% 左右，至 2060 年约 4880 万辆。其中，2035-

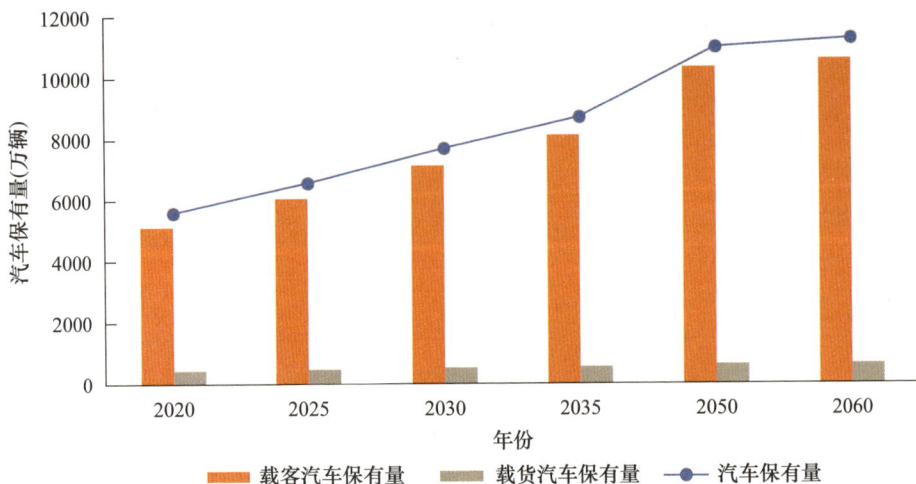

图1-4 长三角2020-2060年汽车保有量

2050年间载客汽车的增加是汽车保有量增加的主要来源。

江苏省汽车保有量稳步上升。预计2020-2030年间，江苏省汽车保有量以近9%的速度增长，到2030年汽车保有量达到2420万辆；预计2030-2035年间汽车保有量以6%左右的速度增加，到2035年达到2564万辆；预计2030-2050年间，汽车保有量增速有所上升，增速为13%，到2050年预计保有量为2892万辆。预计2050-2060年间增长速度有所下降，增速约1%，到2060年，汽车保有量在2917万辆左右。

安徽省汽车保有量稳步提升。预计2020-2030年间，安徽省汽车保有量以近20%的速度增长，到2030年汽车保有量超过1900万辆；预计2030-2035年间汽车保有量以12%左右的速度增加，到2035年达到2153万辆；预计2035-2050年间，汽车保有量的增速有所上升，增长速度为24%，到2050年增长至2659万辆；预计2050-2060年间汽车保有量增速为1%左右，2060年汽车保有量增至2688万辆，汽车保有量增加主要来源于载客汽车。

表 1-4　长三角各省市 2020-2060 年汽车保有量　　（万辆）

项　目	年份	上海	浙江	江苏	安徽
汽车保有量	2020	487	1760	2044	1330
	2025	578	2197	2225	1603
	2030	686	2696	2420	1926
	2035	751	3271	2564	2153
	2050	868	4610	2892	2659
	2060	828	4880	2917	2688
载客汽车保有量	2020	451	1592	1895	1209
	2025	538	2012	2062	1470
	2030	643	2493	2244	1780
	2035	706	3059	2382	1999
	2050	819	4365	2698	2491
	2060	779	4612	2725	2520
载货汽车保有量	2020	34	163	134	119
	2025	38	180	148	131
	2030	42	198	164	145
	2035	44	209	172	152
	2050	49	242	190	168
	2060	49	268	190	168

第二节　中国长三角能源需求展望

一、"十四五"时期，长三角区域能源需求量上升，部分地区、部分品种呈下降态势

2015-2019 年长三角的能源消费总量呈稳步上升态势（见图 1-5）。能源消费总量从 2015 年的 73216 万吨标煤稳步上升到 2018 年的 78059 万吨标煤，2018-2019 年间增幅较往年有所加大，到 2019 年增至

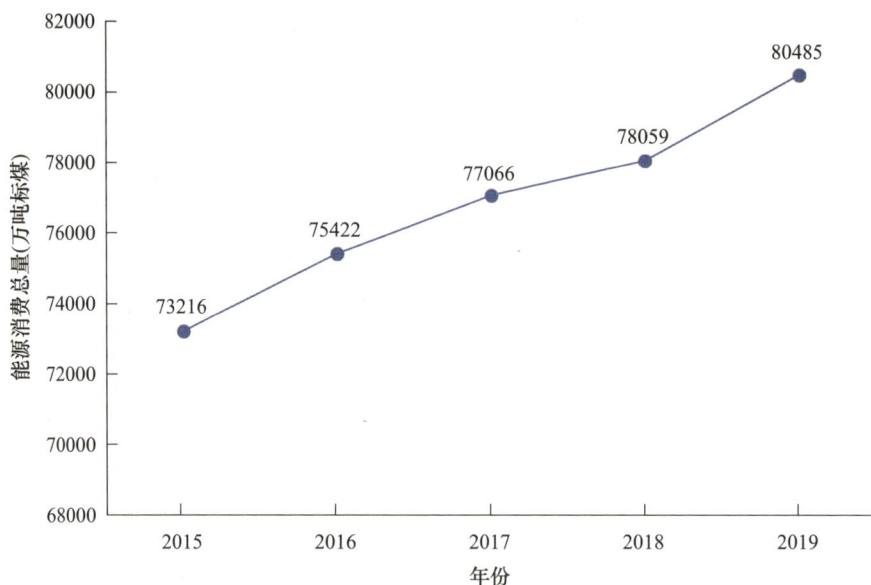

图 1-5　长三角 2015-2019 年能源消费总量

80485 万吨标煤。

2015-2019 年间长三角的能源消费结构详见图 1-6。受大气污染防治等相关煤炭产销控制政策、产业结构调整等因素的影响，长三角的煤炭消费总量呈现先上升后稳步下降的趋势，从 2015 年的 65300 万吨增至 2016 年的 65732 万吨，此后稳步下降，到 2019 年降至 63414 万吨。2015-2019 年长三角石油消费总量呈现先上升后下降的趋势，2015-2017 年从 7105 万吨增至 7766 万吨，此后逐年下降，降至 2019 年的 7490 万吨。2015-2019 年长三角天然气消费总量呈现稳步上升趋势，从 2015 年的 330 亿立方米，增至 2019 年的 544 亿立方米。2015-2019 年长三角电力消费总量也呈稳步上升趋势，从 2015 年的 11157 亿千瓦时增至 2019 年的 13804 亿千瓦时。

长三角各省市 2015-2019 年间能源消费结构详见表 1-5（表中单位统一为万吨标煤）。上海市 2015-2019 年能源消费结构变化趋势呈现四个特点：煤炭消费总量呈现稳步下降趋势，从 2015 年的 3862 万吨，稳步下降至 2019 年的 3405 万吨；石油消费总量呈现稳步上升趋

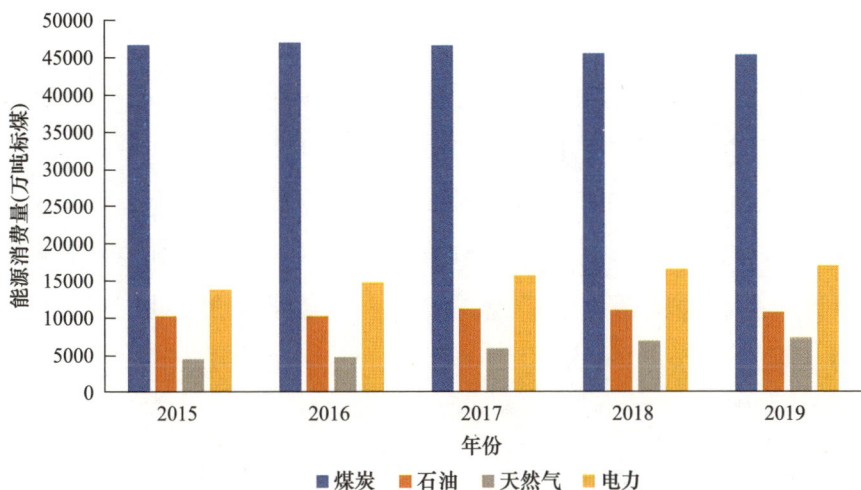

图 1-6　长三角 2015-2019 年能源消费结构

势，从 2015 年的 1967 万吨，增至 2019 年的 2351 万吨；天然气消费总量呈现稳步上升趋势，从 2015 年的 77 亿立方米，逐年增至 2019 年的 99 亿立方米；电力消费总量呈现稳步上升趋势，2015 年为 1405 亿千瓦时，2019 年增至 1570 亿千瓦时。

浙江省 2015-2019 年能源消费结构变化趋势可概况为：第一，煤炭消费总量呈现先升后降的趋势，从 2015 年的 13826 万吨标煤，增至 2017 年的 14262 万吨，后稳步下降至 2019 年的 13677 万吨；第二，石油消费总量呈现先上升后下降的趋势，从 2015 年的 2162 万吨，增至 2017 年的 2237 万吨，后又逐年下降至 2019 年的 2000 万吨；第三，天然气消费总量呈现稳步上升趋势，从 2015 年的 78 亿立方米，逐年增至 2019 年的 140 亿立方米；第四，电力消费总量呈现稳步上升趋势，2015 年为 3554 亿千瓦时，2019 年增至 4706 亿千瓦时。

江苏省 2015-2019 年能源消费结构变化具有四个特点。第一，煤炭消费总量呈现先上升后下降的趋势，从 2015 年的 27209 万吨，增至 2016 年的 28048 万吨，后稳步下降至 2019 年的 24902 万吨。第二，石油消费总量呈现先上升后下降的趋势，从 2015 年的 2052 万吨，增至

2018 年的 2315 万吨，后下降至 2019 年的 2265 万吨。第三，天然气消费总量呈现稳步上升趋势，从 2015 年的 163 亿立方米，逐年增至 2019 年的 282 亿立方米。第四，电力消费总量呈现稳步上升趋势，2015 年为 5115 亿千瓦时，2019 年增至 6264 亿千瓦时。

安徽省 2015-2019 年能源消费结构变化趋势可包括为：煤炭消费总量在 2015-2018 年间，在 20000 万吨附近波动，到 2019 年增至 21430 万吨；石油消费总量呈现先波动上升后下降的趋势，从 2015 年的 923 万吨，降至 2016 年的 754 万吨，后增至 2017 年的 1016 万吨，之后逐年下降至 2019 年的 874 万吨；天然气消费总量呈现稳步上升趋势，从 2015 年的 13 亿立方米，逐年增至 2019 年的 23 亿立方米；电力消费总量呈现稳步上升趋势，2015 年为 1083 亿千瓦时，2019 年增至 1264 亿千瓦时。

表 1-5　长三角各省市 2015-2019 年能源消费结构　（万吨标煤）

年份	上海				年份	浙江			
	煤炭	石油	天然气	电力		煤炭	石油	天然气	电力
2015	2757	2813	1019	1727	2015	9872	3092	1037	4368
2016	2723	3001	1068	1826	2016	9959	3128	1121	4760
2017	2676	3220	1117	1875	2017	10183	3199	1333	5153
2018	2554	3273	1214	1924	2018	10125	2991	1714	5571
2019	2431	3361	1311	1929	2019	9765	2860	1865	5784
年份	江苏				年份	安徽			
	煤炭	石油	天然气	电力		煤炭	石油	天然气	电力
2015	19427	2934	2164	6286	2015	14568	1321	167	1331
2016	20026	2968	2258	6709	2016	14224	1079	193	1394
2017	19007	3233	3106	7138	2017	14679	1453	248	1429
2018	18141	3310	3587	7532	2018	14640	1381	283	1467
2019	17780	3239	3750	7699	2019	15301	1250	311	1554

资料来源：各省市统计年鉴。

二、能源需求量 2030 年左右进入峰值平台期

长三角能源需求量和人均能源需求量均会在 2030 年左右达到峰值，此后呈稳步下降趋势（见图 1-7）。预计 2020-2030 年，长三角能源需求量与人均需求量增加趋势均逐渐放缓，能源需求量从 6.17 亿吨标煤增至 7.48 亿吨标煤，人均能源需求量从 3.09 吨标煤增至 3.55 吨标煤。预计 2030-2035 年，能源需求量和人均能源需求量都将出现少许的下降，能源需求量降至 7.38 亿吨标煤，人均能源需求量减少至 3.45 吨标煤。预计 2035-2050 年，两者皆有显著下降，能源需求量降低 9%、降至 6.72 亿吨标煤，人均能源需求量降低 8%、降至 3.17 吨标煤。预计 2050-2060 年，能源需求量依旧下降 9%、降至 6.12 亿吨标煤，人均能源需求量下降速度放缓，降低 5%、降至 3.00 吨标煤。

各省市能源需求量见表 1-6。上海市能源需求量先缓慢上升，预计到 2030 年前达到峰值 1.46 亿吨标煤，此后稳步下降，至 2060 年维持

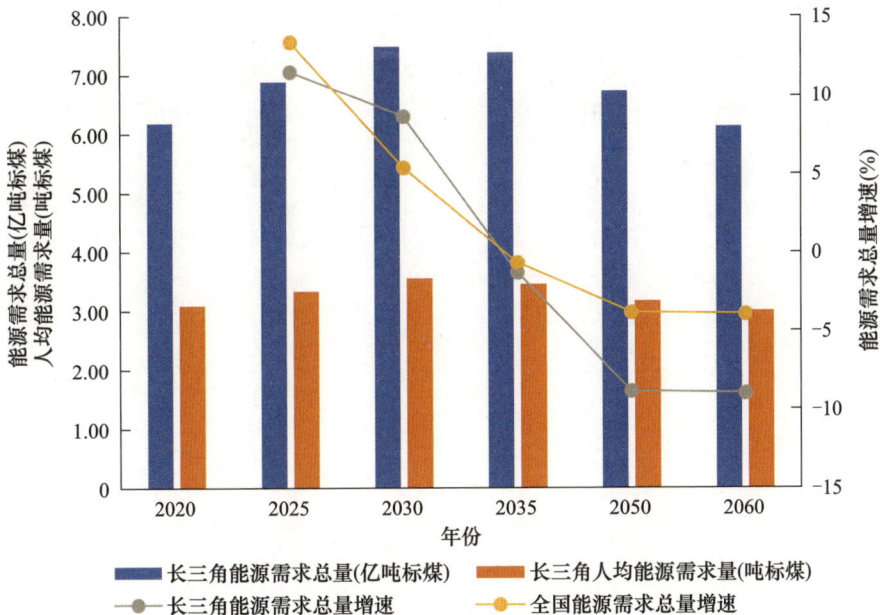

图 1-7 长三角 2020-2060 年能源需求量与人均能源需求量

在 1.3 亿吨标煤左右；人均能源需求量呈波动上升趋势，总体波动在
5.5-6.0 吨标煤。

浙江省能源需求量呈现先缓慢上升后稳步下降的趋势，预计
2020-2030 年从 1.66 亿吨标煤逐年上升至峰值 1.97 亿吨标煤，随后
降至 2060 年约 1.72 亿吨标煤。人均能源需求量呈现先缓慢上升再稳
步下降的趋势，2020-2030 年从 2.80 吨标煤上升至 2.99 吨标煤，随
后稳步下降，至 2060 年约 2.19 吨标煤。

江苏省能源需求量呈现先波动上升后稳步下降的趋势，预计
2020-2030 年间保持上升趋势，到 2030 年出现峰值 2.15 亿吨标煤，
2030-2060 年能源需求量稳步下降，到 2060 年约 1.43 亿吨标煤。人
均能源需求量呈现相同的变化趋势，在 2030 年达到峰值 2.49 吨，随
后逐年减少，到 2060 年降低至 1.57 吨。

安徽省能源需求量呈现先缓慢上升后稳步下降的趋势，预计 2020
-2030 年从 1.56 亿吨标煤逐年上升至 1.66 亿吨标煤，在 2030 年达到
峰值，2035-2060 年间缓慢下降，至 2060 年约 1.46 亿吨标煤。人均
能源需求量呈现先上升后稳步下降的趋势，预计 2020-2030 年间，从
2.57 吨标煤增至 2.78 吨标煤，随后稳步下降至 2060 年约 2.34 吨
标煤。

表 1-6　长三角各省市 2020-2060 年能源需求量与人均能源需求量

项　　目	年份	上海	浙江	江苏	安徽
能源需求量 （亿吨标煤）	2020	1.24	1.66	1.60	1.56
	2025	1.34	1.87	1.86	1.61
	2030	1.46	1.97	2.15	1.66
	2035	1.42	1.96	2.14	1.64
	2050	1.32	1.87	1.75	1.49
	2060	1.30	1.72	1.43	1.46
人均能源需求量 （吨标煤）	2020	5.10	2.80	1.89	2.57
	2025	5.50	2.96	2.17	2.71

项　目	年份	上海	浙江	江苏	安徽
人均能源需求量 （吨标煤）	2030	5.95	2.99	2.49	2.78
	2035	5.80	2.88	2.45	2.68
	2050	5.68	2.53	1.95	2.52
	2060	5.89	2.19	1.57	2.34

三、能源需求结构不断调整

预计 2020-2060 年，煤炭需求量呈现稳步减少趋势，下降的速度逐渐增大。预计 2020-2030 年，煤炭需求量缓慢减少，从 39538 万吨减至 33082 万吨；到 2035 年第一次降到 3 亿吨以下，为 25371 万吨；2050 年突破 1.5 亿吨，降至 11339 万吨；2060 年煤炭需求量减少至 3669 万吨。预计 2020-2060 年，石油需求量呈现先稍微上升后稳步下降趋势，下降速度先增后减。预计 2020-2025 年，石油需求量从 17181 万吨增加到峰值 17721 万吨，2025 年后逐渐下降，到 2060 年降至 13632 万吨。预计 2020-2060 年间，天然气需求量呈现稳步增长的趋势，2020 年的需求量为 581 亿立方米，2035 年首次突破 1000 亿立方米，2035-2060 年间基本维持在 1000 亿立方米。预计 2020-2060 年间，非化石能源需求量呈稳步上升趋势，2020-2050 年间增速较大，增速在 15%-25% 之间，从 2020 年的 10082 万吨标煤逐渐增加到 2060 年的 22894 万吨标煤（见图 1-8，为便于对比，图中将所有的单位全部换算为万吨标煤）。

各省市能源需求结构见表 1-7。上海市能源呈现出清洁、低碳的趋势。煤炭需求比重大幅下降，2020 年煤炭消费 3590 万吨，预计到 2030 年降至 2072 万吨，到 2060 年大幅缩减至 103 万吨；石油需求量相对稳定，在 4100 万吨上下小幅波动；天然气需求量先稳步上升后小幅减少，从 2020 年的 109 亿立方米，预计到 2035 年增至 192 亿立方米，到 2060 年降至 182 亿立方米；非化石能源需求量呈现出上升趋

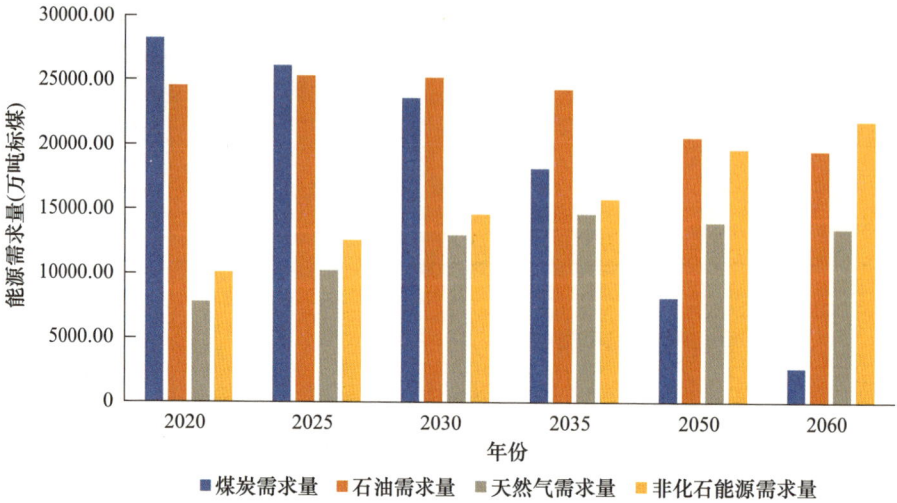

图 1-8　长三角 2020-2060 年能源需求结构

势，2030 年增为 210 万吨标煤，到 2060 年达到 991 万吨标煤。

浙江省能源需求煤炭占比相对较高，但总体呈现低碳化的趋势。第一，预计 2020-2030 年煤炭需求占比最高，但在 2020-2060 年间一直呈现稳步下降的趋势，从 2020 年煤炭消费 9330 万吨，到 2060 年降至 858 万吨。第二，石油需求量在 2020-2025 年间有小幅增长，从 2020 年的 4707 万吨增长到 2025 年的 5036 万吨，随后逐年稳步下降，从 2025 年 5080 万吨降至 2060 年 4167 万吨。第三，天然气需求量呈先上升后下降趋势，2020 年约 150 亿立方米，预计 2030 年首次突破 200 亿立方米，2035 年增至峰值 216 亿立方米，到 2060 年降至 199 亿立方米。第四，非化石能源需求量呈现稳步上升的趋势，从 2020 年的 3824 万吨标煤增至 2060 年的 6103 万吨标煤。

江苏省能源需求结构总体呈现出清洁、低碳的趋势。煤炭需求总量稳步下降，2020 年为 19198 万吨，预计到 2060 年大幅缩减至 1384 万吨；石油需求总量先小幅增长后稳步降低，2020 年为 3366 万吨，预计到 2025 年增至 3444 万吨，随后一直保持下降趋势，到 2060 年降至 2232 万吨；天然气需求总量总体呈稳步上升趋势，2020 年为 202 亿立方米，预计到 2030 年升至 388 亿立方米，到 2035 年增至 472 亿立方米，后出现小幅下降，2060 年降至 421 亿立方米；非化石能源需求量稳步上升，2020 年为 4928 万吨标煤，预计 2030 年增至 7792 万吨标煤，到 2060 年约 10538 万吨标煤。

安徽省能源呈现出清洁、低碳的趋势。第一，煤炭需求的总量呈稳步下降趋势，2020 年煤炭消费 7419 万吨，到 2060 年大幅缩减至 1325 万吨。第二，石油需求量在 2020-2030 年间在 5100 万吨上下较小幅度波动，2030-2060 年大幅下降，到 2060 减少至 2944 万吨。第三，天然气需求量先上升后下降，2020 年天然气消费 121 亿立方米，到 2035 年上升至峰值 219 亿立方米，随后出现小幅下降趋势，到 2060 年减少至 210 亿立方米。第四，非化石能源需求量呈现出上升趋势，2020 年为 1197 万吨标煤，2030 年增至 1608 万吨标煤，2050 年增至 2976 万吨标煤，到 2060 年增至 4198 万吨标煤。

表 1-7　长三角各省市 2020-2060 年能源需求结构　（万吨标煤）

年份	上海				年份	浙江			
	煤炭	石油	天然气	非化石能源		煤炭	石油	天然气	非化石能源
2020	2564	5796	1446	133	2020	6662	6731	1998	3824
2025	2159	5858	2166	167	2025	6105	7202	2441	4809
2030	1480	5905	2418	210	2030	6045	7192	2667	4979
2035	903	5876	2554	272	2035	5420	6698	2867	5154
2050	90	5780	2507	592	2050	3031	6325	2758	5709
2060	73	6134	2419	991	2060	613	5959	2650	6103
年份	江苏				年份	安徽			
	煤炭	石油	天然气	非化石能源		煤炭	石油	天然气	非化石能源
2020	13708	4814	2686	4928	2020	5297	7228	1604	1197
2025	13348	4925	3196	6198	2025	4522	7356	2408	1387
2030	12296	4815	5158	7792	2030	3800	7296	2707	1608

年份	江苏				年份	安徽			
	煤炭	石油	天然气	非化石能源		煤炭	石油	天然气	非化石能源
2035	8394	5127	6277	8474	2035	3397	6598	2909	1865
2050	3042	4210	5789	10358	2050	1934	4240	2893	2976
2060	988	3191	5598	10538	2060	946	4210	2796	4198

第三节　中国长三角能源供给与碳排放展望

预计 2035 年前，长三角区域总体上仍呈现煤油气供需紧张态势；2035 年后，煤炭供需紧张的问题才有望缓解，而由于石化产业聚集和居民生活水平提升的影响，油气供应紧张的矛盾还将持续，仍需要保持一定的基础设施投资。

一、能源供给结构有望持续优化

长三角区域能源供给渠道包括本地生产、海外进口和外省调入（表 1-8）。外省调入方面，天然气调入主要通过"西气东输"和"川气东送"；长三角是电力输入区域，大部分电力来自于"西电东送"；长三角区域炼化产能总体充裕，原油供给进口依赖度较高；而煤炭生产集中于安徽省及苏北地区。

长三角区域的煤炭 2015-2019 年的供给一直维持在 31000 万吨左右，2020 年的煤炭消费量在 50639 万吨，但预测结构显示，未来煤炭的需求将逐年下降，到 2035 年煤炭需求预计在 37743 万吨，长三角的煤炭供给基本能满足需要。此后，煤炭需求逐渐下降，预计 2060 年降至 17946 万吨，此时长三角的煤炭供给已能够满足需求。

预测 2020-2060 年长三角的石油需求量维持在 13000 万吨以上，而 2015-2019 年成品油的供应维持在 5500 万-6100 万吨左右，不能满足长三角的石油需求。天然气 2018-2019 年的供应量维持在 30 亿立方米左右，预测 2020-2060 年的需求从 576 亿立方米增至 1052 亿立方米，不能满足天然气增长的需要。2015-2019 年的发电量呈稳定上升趋势，2019 年增至 12413 亿千瓦时。各省市的能源供给情况见表 1-9。

表 1-8　长三角 2015-2019 年能源供给情况

年份	2015	2016	2017	2018	2019
天然气资源（万立方米）	77900	105900	133900	330200	297900
成品油资源（万吨）	5560	5466	5758	5538	6089
发电量（亿千瓦时）	10227	10967	11590	12228	12413
煤炭资源*（万吨）	20051	18229	17575	17159	16492

数据来源：根据《中国能源统计年鉴》以及各省市政府网站数据汇总得到。

*因数据缺失，煤炭资源量仅包括江苏、上海、安徽。

表 1-9　长三角各省市 2015-2019 年能源供给情况

资源类型	省/市	2015 年	2016 年	2017 年	2018 年	2019 年
天然气资源（亿立方米）	上海	1.88	2.02	1.71	14.54	12.47
	浙江	3.19	3.86	6.14	6.26	11.11
	江苏	0.37	1.33	2.94	9.97	4.09
	安徽	2.35	3.38	2.60	2.25	2.12
成品油资源（万吨）	上海	1619	1559	1583	1443	1682
	浙江	1355	1260	1410	1385	1770
	江苏	2087	2259	2235	2213	2160
	安徽	499	388	531	497	476
发电量（亿千瓦时）	上海	793	807	852	848	822
	浙江	3011	3198	3336	3493	3538
	江苏	4361	4709	4924	5146	5166
	安徽	2062	2253	2478	2741	2887
煤炭资源（万吨）	上海	4728	4625	4573	4501	4400
	浙江	—	—	—	—	—
	江苏	1919	1368	1278	1246	1103
	安徽	13404	12236	11724	11412	10989

数据来源：《中国能源统计年鉴》及各省市政府网站。

（一）上海市能源供给情况

上海市的主要能源来源有天然气、成品油和电力。天然气气源主要包括"西气东输"天然气、进口液化天然气和"川气东送"天然气，东海天然气作为未来的接替气源，中俄东线天然气作为后备气源。2015-2018 年上海的天然气供给基本呈上升态势，2018 年达到峰值14.4 亿立方米，2019 年有小幅下降，降至 12.47 亿立方米。

成品油资源供给相对稳定。2015-2019 年上海市汽油供给存在小幅波动，大致区间为 500 万-600 万吨，2019 年达到峰值 607 万吨；2015-2019 年上海市煤油生产量前期基本不变，2017-2019 年出现波动，2019 年上升至峰值 341.81 万吨；2015-2019 年上海市柴油生产量存在一定幅度波动，除 2018 年出现大幅下降至谷值 637 万吨，其余年份位于区间 690 万-770 万吨内；2015-2019 年上海市燃料油生产量先下降后上升，2017 年下降至谷值 112.99 万吨，2019 年回升至 36.04万吨。

发电量多年来处于波动状态。2015-2019 年上海市发电量从总体上来看处于波动状态，基本位于 790 亿-850 亿千瓦时，2019 年达到822 亿千瓦时。

（二）浙江省能源供给情况

浙江省的主要能源来源有成品油和电力。成品油资源供给存在一定波动。2015-2019 年浙江省汽油供给存在一定幅度的波动，总体波动不大，大致区间为 300 万-400 万吨左右，2017 年达到峰值 352.08万吨；2015-2019 年浙江省煤油产量先下降后上升，2016 年达到谷值213.13 万吨，2019 年上升至 293.65 万吨；2015-2019 年浙江省柴油产量 2016 年降至 630.5 万吨，其余年份上下波动，位于区间 630 万-780 万吨内；2015-2019 年浙江省燃料油产量先下降后上升，2016 年降至 106.74 万吨，2019 年上升至 483.31 万吨。

发电量近年来处于稳步上升趋势。2015-2019 年浙江省发电量从总体上来看处于上升趋势，2019 年达到 3538 亿千瓦时。

（三）江苏省能源供给情况

江苏省的主要能源来源有煤炭、天然气、成品油和电力。江苏省煤炭资源分布不均匀，大多集中于西北部，苏南较少，中部没有。含煤质量不高，存在不少不可开采煤和低质量煤的情况。2015-2019 年煤炭的产量持续下降，截至 2019 年底，全省煤炭产量降至 1103 万吨，相比 2015 年下降 42% 左右。

江苏省属于缺气少煤地区，省内油田自产天然气受产量限制只能供应周边很小的区域，目前主要依赖于"西气东输"和 LNG 接收站提供天然气。2015-2018 年江苏的天然气供给呈上升趋势，2018 年达到峰值 9.97 亿立方米；2019 年出现下降，降至 4.09 亿立方米。

成品油资源供给近年来稳中有降。2015-2019 年江苏省汽油供给基本处于稳步上升态势，2019 年达到峰值 809.74 万吨；2015-2019 年江苏省煤油产量存在一定幅度的波动，2017 年达到谷值 390.89 万吨，2019 年上升至峰值 499.5 万吨；2015-2019 年江苏省柴油产量先升后降，于 2017 年达到峰值 844.97 万吨，2019 年降至 664.03 万吨；2015-2019 年江苏省燃料油产量先上升至峰值 365 万吨，之后下降至 2018 年谷值 154.83 万吨。

2015-2019 年江苏省发电量从总体上来看处于上升趋势，2019 年达到 5166 亿千瓦时。

（四）安徽省能源供给情况

安徽省的主要能源来源有煤炭、天然气、成品油和电力。安徽省煤炭种类齐全，各矿区及不同时期的煤质特征均具明显的差异性。煤炭资源主要分布在淮北煤田和淮南煤田。2015-2019 年煤炭的产量逐年递减，截至 2019 年底，全省煤炭产量达到 10989 万吨，相比 2015 年的

13404 万吨下降 18% 左右。

天然气气源主要来自于"西气东输"和"川气东送"干线管道，两条管道相连接，形成双气源供应格局。2015-2019 年安徽天然气供给总体呈下降趋势，2019 年降至 2.12 亿立方米。

成品油资源供给存在一定的波动。2015-2019 年安徽省汽油产量总体波动不大，2016 年达到谷值 176 万吨，随后逐年上升，2018 年达到峰值 269.61 万吨；2015-2019 年安徽省煤油产量基本呈增长态势，2018 年达到峰值 40.37 万吨，2019 年稍有回落至 39.57 万吨；2015-2019 年安徽省柴油产量存在一定幅度波动，基本位于 180 万-280 万吨区间；2015-2019 年安徽省燃料油产量先降后升，2017 年达到谷值 0.53 万吨，2019 年上升至 5.67 万吨。

2015-2019 年安徽省发电量从总体上来看处于上升趋势，2019 年达到 2887 亿千瓦时。

二、碳排放 2025-2030 年间达峰

预计 2020-2060 年，长三角碳排放量呈先缓慢增加后稳步下降的趋势，在 2025-2030 年左右二氧化碳排放达到峰值，峰值约为 13 亿吨二氧化碳。预计 2030-2035 年，碳排放小幅减少，从 13.23 亿吨二氧化碳降至 11.94 亿吨二氧化碳；2035 年以后，碳排放减幅较大，2035-2050 年间碳排放减少 29%；2050-2060 年间碳排放减少 27%，到 2060 年碳排放量约 6.21 亿吨二氧化碳。总体的碳减排趋势和全国的趋势相同（见图 1-9）。

各省市碳排放量数据见表 1-10。上海市 2020 年碳排放量为 2 亿吨二氧化碳，预计在 2025 年碳排放量达到峰值 2.06 亿吨二氧化碳，2025-2060 年间呈稳定下降状态，2030 年首次低于 2 亿吨二氧化碳，降至 1.93 亿吨二氧化碳，到 2060 年碳排放量降至 1.01 亿吨二氧化碳。浙江省预计在 2020-2060 年间呈现先上升后稳步下降趋势，在 2030 年前碳排放达到峰值，约为 3.40 亿吨二氧化碳，此后碳排放量

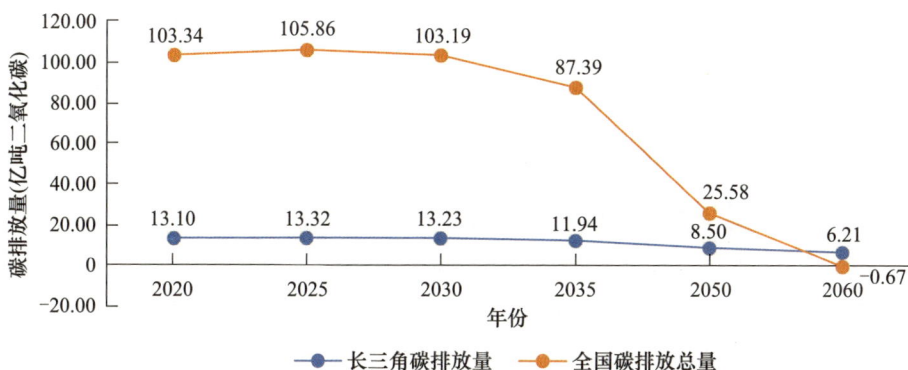

图 1-9　长三角碳排放量情况

逐年降低，到 2060 年降至 1.75 亿吨二氧化碳。江苏省预计于 2030 年前碳排放达到峰值，约为 4.90 亿吨二氧化碳，此后碳排放量持续下降，到 2060 年降至 1.74 亿吨二氧化碳。安徽省预计在 2030 年前碳排放达到峰值，约为 3.01 亿吨二氧化碳，随后呈稳步下降趋势，到 2060 年降至 1.71 亿吨二氧化碳。

表 1-10　长三角各省市 2020-2060 年碳排放情况　（亿吨二氧化碳）

年份	上海	浙江	江苏	安徽
2020	2.00	3.36	4.89	2.84
2025	2.06	3.38	4.90	2.99
2030	1.93	3.40	4.90	3.01
2035	1.79	3.17	4.13	2.85
2050	1.40	2.47	2.51	2.13
2060	1.01	1.75	1.74	1.71

第二章 面向 2035 年构建长三角一体化高质量能源系统的总体要求与实施路径

第一节 构建中国长三角一体化高质量能源系统的总体要求

2014 年 6 月，习近平总书记在中央财经领导小组第六次会议上提出，在能源领域要推动供给革命、消费革命、技术革命、体制革命，同时要加强能源领域的国际合作，即"四个革命、一个合作"的能源安全新战略。2016 年党的十八届五中全会上，以习近平同志为核心的党中央坚持以理论创新引领实践创新，提出创新、协调、绿色、开放、共享的新发展理念，成为中国经济社会各领域发展必须长期坚持的重要遵循和基本逻辑。

2020 年 9 月，习近平总书记在第 75 届联合国大会一般性辩论上的讲话中宣示中国碳中和愿景，即二氧化碳排放力争于 2030 年前达到峰值，努力争取 2060 年前实现碳中和（以下简称"3060"战略目标）。2021 年 3 月，习近平总书记在中央财经委员会第九次会议上提出主要思路和举措："十四五"是碳达峰的关键期、窗口期，要构建清洁低碳、安全高效的能源体系，控制化石能源总量，着力提高利用效能，实施可再生能源替代行动，深化电力体制改革，构建以新能源为主体的新型电力系统。

一、基本原则

长三角能源一体化发展战略要按照习近平总书记关于能源革命的重要讲话精神，以创新、协调、绿色、开放、共享的新发展理念推动能源革命，实现能源绿色低碳转型，使能源发展实现高效、智慧、绿色、低碳，支撑长三角区域乃至中国经济增长和可持续发展，推进在全国实现碳达峰之前，长三角区域率先实现碳达峰。

一要把创新共建作为引领能源转型发展的第一动力。三角洲区域一体化发展，必须推动科技创新与产业发展深度融合，促进人才流动和科研资源共享，整合区域创新资源，联合开展"卡脖子"关键核心技术攻关，打造区域创新共同体，共同完善技术创新链，形成区域联动、分工协作、协同推进的技术创新体系。在"3060"战略目标要求下，能源领域以增量扩能为主的时代将要过去，长三角区域作为国家新技术、新动能的集中区，能源一体化应以新技术和新产业模式实现高效能源发展，成为能源领域增长的新动力。要把着力点放到能源产业创新发展上，要依靠理念创新、科技创新、制度创新和商业模式创新来提高能源生产和能源消费的效率，建立长三角区域在新能源技术和产业领域方面的新优势，形成重大政策及重大项目清单，引领中国能源走清洁低碳、安全高效的可持续发展之路。

二要把协调共进作为能源转型发展的内在要求。长三角区域作为全国的能源负荷中心区和资源匮乏区，在能源领域发展不平衡、不协调、不可持续的问题比较突出，例如生产和消费布局不协调、电源和电网建设不匹配、风光等新能源建设与能源系统整体智能化不同步，不同区域能源消费水平差异较大，这不仅影响了能源系统的整体效率，而且不符合市场公平竞争原则。未来要进一步加大区域协调发展的力度，聚焦跨区域协作和项目，着力解决区域能源发展水平不平衡、方式不协调问题。

三要把绿色共保作为能源转型发展的必然要求。三角洲区域一体化发展，必须践行绿水青山就是金山银山的理念，贯彻山水林田湖草是生命共同体的思想，推进生态环境共保联治，形成绿色低碳的生产生活方式，共同打造绿色发展底色，探索经济发展和生态环境保护相辅相成、相得益彰的新路子。加强生态文明建设是推进长三角能源一体化建设的基本遵循。长三角能源领域总体上存在耗能高、效率低和污染大的问题，特别是总量结构上煤炭占比过高、煤炭使用上电煤比例较低，严重影响了生态环境质量。未来要按照绿色发展的要求，全面推动能源利用绿色化、清洁化、低碳化发展，率先实现能源发展既满足人民群众的能源需求，又体现人与自然的和谐，促进生态文明建设。

四要把开放共赢作为推动区域能源转型发展的必由之路。三角洲区域一体化发展，必须打造高水平开放平台，对接国际通行的投资贸易规则，放大改革创新叠加效应，培育国际合作和竞争新优势，营造市场统一开放、规则标准互认、要素自由流动的发展环境，构建互惠互利、求同存异、合作共赢的开放发展新体制。长三角区域是中国开展国际能源合作的主要区域，尽管当前世界政治经济环境日趋复杂，但中国经济深度融入世界的意愿不变，长三角更要发挥自身优势，秉承开放发展的理念，在开放中发展能源产业，并在国际能源产能合作、参与国际能源治理中发挥更加重要的作用。

五要把民生共享作为区域能源发展之路的本质要求。三角洲区域一体化发展，必须增加优质公共服务供给，扩大配置范围，不断保障和改善民生，使改革发展成果更加普惠便利，让长三角居民在一体化发展中有更多获得感、幸福感、安全感，促进人的全面发展和人民共同富裕。坚持发展为了人民、发展成果由人民共享的原则，按照习近平总书记指出的"良好生态环境是最公平的公共产品，是最普惠的民生福祉"的要求，推动区域能源转型，实现能源绿色、低碳、可持续发展，在确保经济社会发展与人民生活水平提高所需能源供给的同时，保持水绿山青空气干净的良好生态环境，也是能源领域共享发展的重要体现。

二、总体思路

坚持以习近平新时代中国特色社会主义思想为指导，深入贯彻党的十九大和十九届二中、三中、四中、五中全会精神，认真落实习近平生态文明思想和能源革命战略部署，深入落实《中华人民共和国国民经济和社会发展第十四个五年规划纲要》和《长江三角洲区域一体化发展规划纲要》，紧扣"一体化"和"高质量"两个关键，以绿色低碳发展为底色，以能源一体化创新引领为核心，以数字化改革为牵引，加强基础设施互联互通，共同建设绿色美丽长三角，推进更高水平的协同开放，创新一体化发展体制机制，加快推动重大政策、重大项目落地实施，为构建长三角生态绿色一体化发展示范区提供强有力的能源保障和示范引领。

面向 2035 年构建中国长三角一体化高质量能源系统，将加强顶层设计和统筹协调，充分发挥综合能源系统在现代能源体系中的关键作用，梳理多种能源在生产、存储、运输、转换、消耗过程中的时空关联关系，通过信息与能源技术深度融合，以大电网、天然气管网为"主干网"，以微能源网为"局域网"，以开放对等的信息互联互通推进长三角能源一体化，最大限度地适应新能源的接入，用长三角内的清洁能源替代传统化石能源，推进长三角在全国碳达峰之前率先实现碳达峰，为提前实现碳中和奠定基础。

三、发展目标

依据《长江三角洲区域一体化发展规划纲要》及《长三角一体化发展规划"十四五"实施方案》，作为世界上经济总量最大的区域之一，未来长三角区域的定位是充满活力的世界级城市群，具有全球影响力的国际科技创新中心，"一带一路"建设的重要支撑和宜居、宜业、宜游的优质生活圈。

到 2025 年，长三角能源一体化发展取得实质性进展。长三角中心区人均 GDP 与全域人均 GDP 差距缩小到 1.2：1；研发投入强度达到 3%，常住人口城镇化率达到 70%，跨界区域、城市乡村等区域板块的能源一体化发展达到较高水平，在科创产业、基础设施、生态环境、公共服务等领域基本实现能源一体化发展，全面建立能源一体化发展的体制机制。基本实现基础设施互联互通，能源安全供应和互济互保能力明显提高。能源网络智能化明显提高，新一代信息设施率先布局成网，5G 网络覆盖率达到 80%。2030 年前长三角区域先于全国实现区域碳达峰，生态环境共保联治能力显著提升，区域突出生态环境问题得到有效治理，能源利用效率大幅提升，完成国家下达的"十四五"能耗双控目标。

到 2035 年，长三角能源一体化发展达到较高水平。能源一体化体系基本建成，城乡区域能源差距明显缩小，能源服务水平趋于均衡，能源基础设施互联互通全面实现，清洁能源在长三角普遍应用，长三角人民基本生活保障水平大体相当，能源一体化发展体制机制更加完善，能源一体化水平整体达到全国领先水平，推进 2060 年前先于全国实现区域碳中和，成为最具影响力和带动力的强劲活跃增长极。

四、重点任务

新发展阶段下，中国长三角能源一体化具有清洁低碳化、数字智能化和互联互通化三大特征。能源结构中水、风、光等非化石能源比例将不断提高，结合"云大物移智链"等信息通信技术和智能控制技术，在更大区域内实现能源互联，共分为长三角区域级、省市级和园区级三个级别。具体包括六方面：一是探索能源品种间深度融合，风光水火储一体化，加快分布式清洁能源发展；二是探索源网荷储一体化，能源输送网络互联互通；三是构建虚拟电厂，推动清洁电源共建共享；四是提升工业能效水平，尝试用能系统和工艺流程系统双改造；五是推动老旧小区绿色改造，提升建筑用能综合效率；六是加快电动汽车等新能源汽车发展，逐步提高交通领域电代油比例。

（一）长三角能源一体化（图 2-1）

2020 年，长三角区域常住人口达 2.27 亿人，占中国总人口的 16.2%，地区 GDP 约 23.7 万亿元，占全国 GDP 的 23.9%，人均 GDP 是全国平均水平的 1.47 倍，但长三角区域的区域面积仅为全国国土面积的 4%，区域内能源资源缺乏，但有巨大的能源消费需求。长三角区域级能源一体化应发展以不同组团为单位、相互连接的区域综合能源网络，以能源互联网理念进行规划，在不同组团建设若干综合能源服务站，在保障区域能源供给平衡的同时，还可与相邻的其他区域能源网和主力电网、热网、气网进行能源互联与需求响应。通过不同区域网间能源的互联互通，将"能从远方来"变为"能从远方来与能从身边来"并举，借助市场手段与价格机制，合理配置资源开发与利用。优先开发利用本地清洁能源，最大限度地开发、使用可再生能源，提高长三角的综合能源利用效率。

新发展阶段下，长三角区域能源消费将以电力为主并逐年增加，煤炭消费逐年减少，天然气比重不断增加，石油消费由短期的持续增加到未来的趋于饱和后逐年下降。通过终端能源的电气化改造，提高清洁能源的使用比重，在保障能源安全的同时，不断减少环境污染与温室气体排放。通过增加终端电力能源的比重，可以减少长三角在未来对石油、天然气等进口能源的依赖程度。在遇到特殊时期外部进口能源遭到限制时，可通过分布式清洁能源提供更多的电能，满足长三角的生产生活需求，提高能源供应安全水平。

从具体能源品种来看，煤炭方面，逐步淘汰煤电及生产生活散烧煤，仅保留调峰电源及应急机组。石油方面，总体保持现有炼油化工企业规模，不新增设炼油化工企业。随着电动汽车保有量持续增长，终端石油消费量将逐渐减少。天然气方面，规划建设苏沪天然气管道联络线，支撑建设燃气调峰电厂，天然气消费占比快速增加。电力方面，大力发展可再生能源，加快建设光电、风电、水电、核电，统筹

图 2-1　长三角能源一体化示意图

协调省外可再生电力输入，鼓励在区内建设分布式清洁能源，发展小型核反应堆，加强长三角一体化电力输送通道规划建设。交通用能方面，大力发展新能源汽车，加强充电基础设施建设，探索氢燃料电池汽车示范建设，力争至 2035 年实现长三角区域内电动汽车占比达到50%。通过突破体制机制瓶颈，大力降低能源生产传输利用成本，建成"长三角能源包邮区"，优化提升沪宁合、沪杭主轴带功能，培育壮大沿江、沿海、宁湖杭、杭绍甬舟等发展轴带。

（二）省市级能源一体化

1. 上海市能源一体化

上海市的能源来源呈现多元化供应特征。随着终端再电气化的不断深入，以及新能源汽车的技术进步，未来长三角将有越来越多的传统燃油汽车被新能源汽车所替代，石油与电能需求将呈现此消彼长的趋势，石油与电能的耦合会越来越紧密，清洁能源、可再生能源在道路交通中的占比将逐年增加。

2. 浙江省能源一体化

浙江省的主要能源有成品油和电力。2015-2019 年浙江省汽油存在一定幅度的波动，总体波动不大。2015-2019 年浙江省发电量从总体上来看处于上升趋势。随着电能在终端能源的占比逐年增加，浙江省各地区变电站容量基本满足各地区的用电需求，其中东部和北部变电站容量较紧张。未来优先考虑在浙江省东部和北部布局电源，在缺少空间的情况下，考虑从西部向东部和北部输送电力。随着燃煤电厂逐步关停，以及电能在终端能源占比的不断提高，电能与天然气等能源耦合逐步深入，分布式能源、储能技术、可再生能源都将获得前所未有的高速发展，可满足浙江省对电能的需求。

3. 江苏省能源一体化

江苏省属于缺气少煤地区，主要能源需求有煤炭、天然气、成品油和电力。江苏省能源结构偏煤，电源结构偏煤，可再生能源占比不高。2019 年，江苏省一次能源消费中煤炭占 55.3%，石油占 14.8%，天然气占 10.7%，非化石能源占 10.4%。非化石能源消费占比虽有所提高，但比全国平均水平还低 4.6 个百分点。2019 年，江苏省总用电量 6264 亿千瓦时，其中，煤炭发电占比超过 70%，天然气发电占比约 10%，水、核、风、光等可再生能源发电合计占比约 18%。未来随着煤炭在江苏省一次能源和终端占比的逐步退坡，江苏省要通过终端能源电气化改造，逐步淘汰对煤炭资源的依赖；以减少煤炭消费总量和减少落后化工产能为重点，调整长期以来形成的煤炭型能源结构；通过采用清洁能源和可再生能源，以满足不断增长的能源需求。在石油方面，目前江苏省石油炼化项目主要布局在沿江城市一带，在满足本省石油需求的同时可辐射整个长三角。江苏省天然气资源量较少，目前主要依赖"西气东输"等工程和部分民营企业提供天然气，应实施

"气化江苏"计划，加大天然气供给和利用。2015 年以来江苏省发电量持续上升，峰谷差压力较大，应大力发展需求侧响应和分布式清洁能源，逐步实现多能互补、协同发展的局面。

4. 安徽省能源一体化

安徽省的主要能源有煤炭、天然气、成品油和电力。安徽省煤炭资源丰富，2015 年达到峰值后煤炭产量逐渐下降，能源一体化重点在于减少煤炭利用，支持发展光伏、水电等可再生能源，充分发挥抽水蓄能、煤电、气电调峰作用，有序推进区域能源网、微能源网发展，并与大电网或者主干油气管网互联互通。天然气气源主要来自于"西气东输"和"川气东送"干线管道，两条管道相连接，保障全省天然气资源供应。安徽的天然气供给呈下降趋势，应加大天然气供应力度。2015-2019 年安徽省发电量从总体上来看处于上升趋势，2019 年达到2887 亿千瓦时。

（三）园区级能源一体化

园区能源一体化旨在通过对区域内的各类源网储荷等资源及相关技术的优化综合利用，建立因地制宜的能源方案，最大限度解决区域内的能源问题，如实现高比例可再生能源的接入，提升本地能源系统的可靠性和经济性，为本地用户带来更好的能源服务等。目前，一些比较典型的区域能源互联网应用包括城区内电、水、气、热、交通等系统的互联，工业园区内以工业微网来实现工业负荷与分布式电源的互补，以及农业园区的农光互补等。

长三角园区应因地制宜地建设绿色数据中心能源站、多能协同园区、清洁供热/冷园区、多站合一能源站、多站合一充电站等典型能源互联网园区。通过能源互联网规划理念，提高园区可再生能源利用率，提高综合能源利用效率，降低园区用户用能成本。分布式综合能源站作为电网的补充，充分利用园区资源禀赋及用能需求，汇集电力、热力、天然气等能源及管网，通过优化设计和协调运行，提高供电可靠性，为电网调峰，实现多能互补和一体化管控，满足终端用户的冷、热、电、气等多种能源需求，降低用户的综合用能成本，提高能源的利用效率。根据系统内各用户的多种能源需求，协同布局源网荷储资源，实现能源的优化匹配和梯级利用。

第二节　中国长三角一体化能源系统优化路径

一、长三角主要能源品种供需缺口

长三角区域煤炭、石油、天然气等化石能源资源储量少，本地自产的化石能源有限。2020 年，长三角区域煤炭、石油、天然气的产需缺口分别约为 4.8 亿吨、1.06 亿吨和 517 亿立方米，煤炭、石油、天然气自海外进口和外省市调入量分别占区域内煤炭、石油、天然气总消费量的 79.1%、98.3% 和 95.1%。长三角城市群能源主要来源见图 2-2。

图 2-2　长三角城市群能源主要来源示意图

（一）煤炭

2015-2019 年，长三角区域内煤炭的供给一直维持在 3.1 亿吨左右（见图 2-3），2020 年的煤炭需求量约 5.6 亿吨，因此，江苏、浙江和上海的煤炭资源主要依赖外省调入，尽管安徽省内煤炭资源在长三角区域相对丰富，但也需从外省调入部分资源以满足本省的煤炭需求。

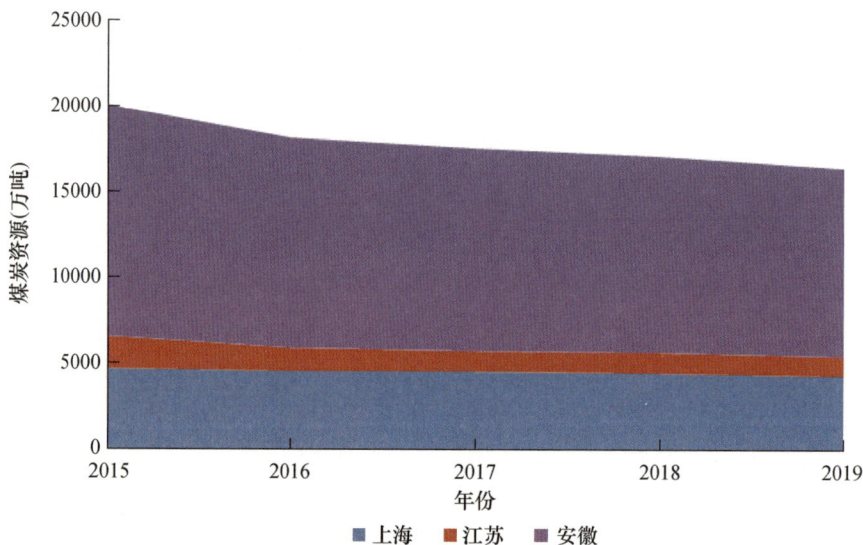

图 2-3　长三角煤炭资源

（二）石油

2015-2019 年长三角区域内成品油的供应量维持在 5500 万-6100 万吨左右（见图 2-4），难以满足长三角的石油需求，需要依赖区外调入。

（三）天然气

虽然 2017 年后长三角区域内天然气供应量迅速增长，但 2018-2019 年天然气的供应量也仅维持在 30 亿立方米左右（见图 2-5），天

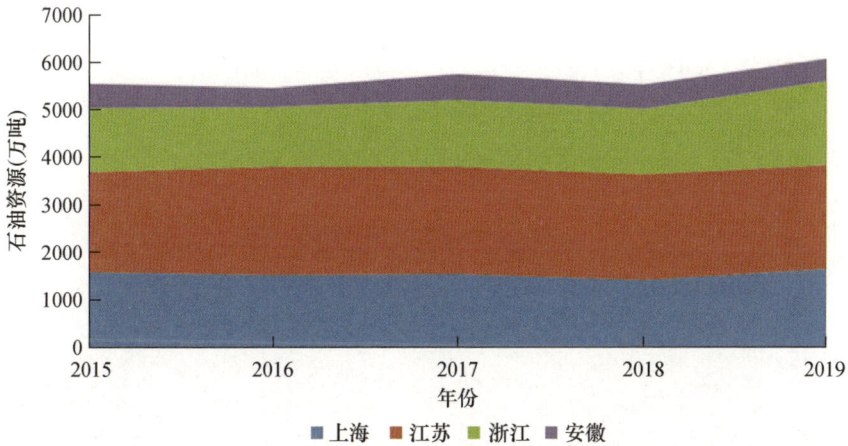

图 2-4 长三角石油资源

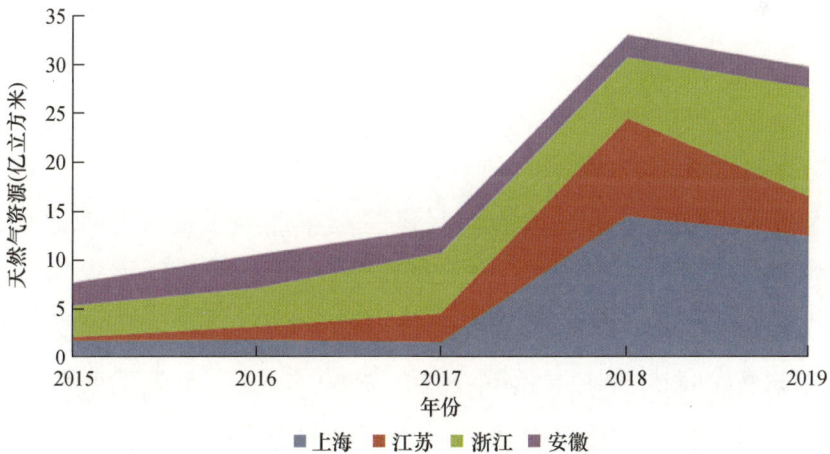

图 2-5 长三角天然气资源

然气资源要大量依赖外省调入和国外进口。

（四）电力

2015-2019 年长三角区域内的发电量呈稳定上升趋势，2020 年增至 12413 亿千瓦时（见图 2-6）。稳步上升的用电量需要外省调电，

2020 年长三角净外调电量 3360 亿千瓦时，约占区域内总消费电量的 22.6%。而在可再生能源方面，长三角区域风能资源属于第Ⅳ类资源区，太阳能资源属于第Ⅲ类资源区，开发潜力均有限。

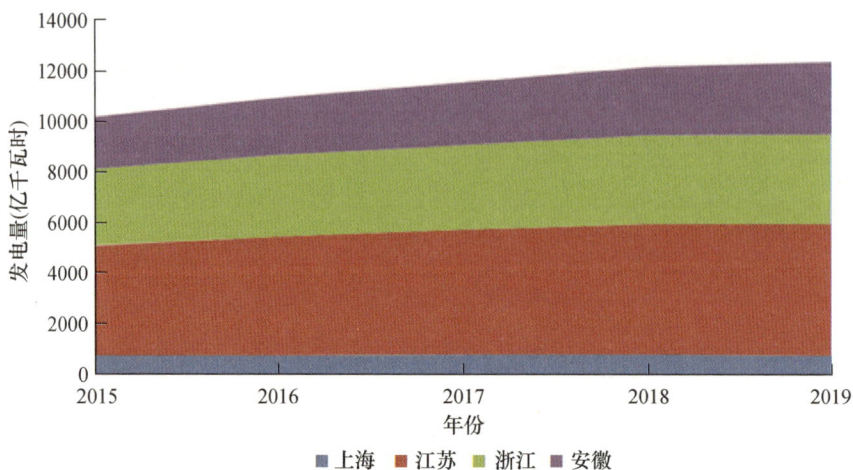

图 2-6　长三角发电量

预测结果显示，长三角区域的煤炭需求将逐年下降，到 2035 年煤炭需求约 3.8 亿吨，长三角的煤炭供给基本能满足需要。此后煤炭需求仍将进一步下降。预计 2020-2060 年长三角的石油需求量维持在 1.3 亿吨以上，依靠自身供给依然难以满足长三角的石油需求，需要推进电能替代减少需求。预测 2020-2060 年长三角天然气的需求从 576 亿立方米增至 1052 亿立方米，本地产气量无法满足其需求。预测 2020-2060 年长三角电力的需求量从 15015 亿千瓦时增至 19351 亿千瓦时，仍需进一步增加电力来源。

二、主要能源品种供需缺口的平衡

长三角区域能源消费结构中的化石能源依然占比较高。2020 年，长三角区域的煤炭消费量约 3.95 亿吨，石油消费量 1.72 亿吨，天然气消费量 581 亿立方米，分别占全国的比例为 10.3%、28.2% 和

17.7%。化石能源约占长三角区域能源消费总量的 89.4%，其中煤炭占 55.4%、石油占 27.2%、天然气占 6.8%，非化石能源约占长三角区域能源消费总量的 10.6%。其中，浙江省 2020 年风光水核一次发电量达到 898 亿千瓦时，江苏、安徽、上海分别为 568 亿千瓦时、208 亿千瓦时和 23.8 亿千瓦时，上海、江苏、浙江、安徽的风光水核发电量占其发电总量的比例分别为 2.8%、11.1%、25.8% 和 7.6%。长三角主要能源品种供需平衡还需开展以下四方面工作。

（一）调整优化能源结构和布局

统筹推进液化天然气（LNG）接收站建设，积极利用浙江沿海深水岸线和港口资源，布局大型 LNG 接收、储运及贸易基地，谋划建设国家级 LNG 储运基地。加强油气输送通道建设，积极利用国内国际资源，促进油源、气源多元化。优化天然气使用方式，新增天然气应优先用于替代散煤，鼓励发展天然气分布式能源等高效利用项目，限制发展天然气化工项目，有序发展天然气调峰电站。按照"减油增化一体化"原则，优化炼油产业结构和布局，统筹新炼厂建设与既有炼厂升级改造，集约化发展炼油加工产业。推进苏北沿海、浙江沿海、安徽南部核电规划建设。积极开发利用非化石能源，大力发展陆上风电、光伏发电、浅近海风电和深、远海风电，稳步拓展生物质能利用方式，科学利用地热能。除在建项目外，原则上不再新建单纯扩大产能的煤矿项目，加快淘汰煤矿落后低效产能，严格控制煤炭产能增长。按照安全优先、区别对待、按需消纳、互惠互利的原则，积极稳妥利用区外来电。结合区域内电力电量平衡情况，按照国家小火电关停和煤炭等量替代等相关要求，适度建设清洁高效煤电，全面实施燃煤电厂节能改造。

（二）推进能源基础设施互联互通

第一，统筹建设油气基础设施。完善区域油气设施布局，推进油气管网互联互通。加快区际区内石油管网建设,推进宁波、舟山等原油储备基地建设,创建国家级石油储备中心,构建清洁快速便捷的油品供应体系。积极推进浙江舟山国际石油储运基地、芜湖 LNG 内河接收(转运)站建设,加大力度支持 LNG 运输船舶在京杭大运河江苏段开展航运试点。加快建设浙沪联络线,多点推进浙苏、苏皖天然气管道联通。加强 LNG 接收站互联互通和公平开放,加快扩建上海、江苏如东、浙江温州 LNG 接收站,建设宁波舟山 LNG 接收站和江苏沿海输气管道、滨海 LNG 接收站及外输管道。实施淮南煤制天然气示范工程。完善天然气主干管网布局,配套建设天然气门站和大型 LNG 调峰站,加快 LNG 接收站配套管网、各省市管网与天然气主干管网互联互通,增加主干线管道双向输送功能,建设形成长三角沿海天然气输送大通道,推动完善沿长江清洁能源供应通道建设。第二,协同推动新能源设施建设。因地制宜积极开发陆上风电与光伏发电,有序推进海上风电建设,鼓励新能源龙头企业跨省投资建设风能、太阳能、生物质能等新能源。加快推进浙江宁海、长龙山、衢江和安徽绩溪、金寨抽水蓄能电站建设,开展浙江磐安和安徽桐城、宁国等抽水蓄能电站前期工作。加强新能源微电网、能源物联网、"互联网+智慧"能源等综合能源示范项目建设,推动绿色化能源变革。第三,加快区域电网建设。完善电网主干网架结构,提升互联互通水平,提高区域电力交换和供应保障能力。推进电网建设改造与智能化应用,优化皖电东送、三峡水电沿江输电通道建设,开展区域大容量柔性输电、区域智慧能源网等关键技术攻关,支持安徽打造长三角特高压电力枢纽。依托两淮煤炭基地建设清洁高效坑口电站,保障长三角供电安全可靠。加强跨区域重点电力项目建设,加快建设淮南-南京-上海 1000 千伏特高压交流输电工程过江通道,实施南通-上海崇明 500 千伏联网工程、申能淮北平山电厂二期、省际联络线增容工程。完善长三角主干网架结构,加快"皖电东送"、浙江和福建沿海"南电北送"、江苏"北电南送"电力输送通道建设,与"西电东送"和"北电南送"主通道实现互联互通。

（三）加快能源利用方式变革

降低能源消费强度，加强能源消费总量控制。推动建筑用能绿色化发展，提高建筑节能设计标准，推进建筑节能改造，推广被动式超低能耗建筑，新建的政府投资公共建筑、大型公共建筑应当至少利用一种可再生能源，加快节能产品推广。强化工业领域节能，力争主要工业领域单位产品能耗达到并优于世界先进水平。推进交通运输节能，加快提升车用燃油品质，加快发展 LNG 车辆、船舶，大力发展纯电动汽车，探索试点发展氢燃料车船。

（四）减少峰谷差，保障能源系统运行安全

长三角位于中国冬冷夏热地区，能源峰谷差矛盾将长期成为长三角超级城市群的首要问题。长三角区域能源资源禀赋不丰富，上海、江苏、浙江均是能源输入型省市，在保障能源供应安全方面仍需要提前布局、控制风险。而且，长三角区域在产业结构方向和能源消费特性方面存在诸多相似点，随着近年来产业向服务经济转型，用能特征发生变化，工业用能需求逐步下降，服务业和生活两大领域用能需求逐步增加，峰谷差矛盾日益凸显。以上海为例，电力峰谷差占最高用电负荷的比重始终保持在 40% 左右；天然气峰谷差占最高日用气负荷的比重已超过 60%，且未来峰谷差还会进一步加大。能源互联网正是通过互联网的模式将能源供需双方的能源流和信息流连接起来，通过数据的采集、分析、判断和实时反馈实现能源系统的最优化运行，在缓解能源峰谷差问题方面，能源互联网将扮演重要的角色。同时，能源互联网也是能源安全智能化应急响应的基础，远期看对自然灾害或突发事件的影响，能做到预测预警、实时响应、智能检测、应急方案优化，可较大提升长三角区域能源应急响应和灾害恢复能力。

三、长三角能流图

（一）2020 年能流图（图 2-7）

2020 年长三角能源供给以石油和电力为主，石油主要用于交通行业及工业行业，电力流向工业行业及建筑行业。煤炭位居第三位，主要流向工业行业，也有少量流向其他行业。天然气供应量最少，主要流向工业行业及建筑行业。

图 2-7　2020 年长三角能流图

（二）2025 年能流图（图 2-8）

预计 2025 年长三角能源供给仍以电力和石油为主，电力位居首位并主要流向工业行业及建筑行业，石油主要用于交通行业及工业行业，交通行业及建筑行业的能源消费总量都有所增加。煤炭供给总量不断减少，主要流向工业行业，也有少量流向其他行业，体现了电力对煤炭的替代。天然气供应量持续增加，主要流向工业行业及建筑行业。

图 2-8　2025 年长三角能流图

（三）2030 年能流图（图 2-9）

　　预计 2030 年长三角能源供给以电力和石油为主，电力位居首位并主要流向工业行业及建筑行业，石油主要用于交通行业及工业行业，

图 2-9　2030 年长三角能流图

交通行业及建筑行业的能源消费总量都有所增加，长三角能源消费总量会在2030年左右达到峰值。天然气供应量持续增加，并超过了煤炭供应量，主要流向工业行业及建筑行业。煤炭供给总量不断减少成为供应最少的能源品种，主要流向工业行业，也有少量流向其他行业，体现了电力和天然气对煤炭的替代。

（四）2035年能流图（图2-10）

预计2035年长三角能源供给以电力为主，电力位居首位并主要流向工业行业及建筑行业，石油主要用于交通行业及工业行业，工业行业的石油消费总量逐渐减少，交通行业能源消费开始下降。长三角能源消费总量到2035年呈稳步下降趋势，煤炭供给总量持续减少，电力和天然气在工业行业继续对煤炭实施替代。

图2-10　2035年长三角能流图

四、能源一体化发展路径

未来能源互联网主要是以互联网式的电网为主，融合多种燃气、热力等网络，把一个集中式的、单向的电网，转变成与更多的生产者、消费者、管理者互动的能源综合网络。长三角综合能源体系要综合考虑常规能源和可再生能源的利用与结合，权衡配置区域集中能源系统和分散式能源系统，耦合区域电力、天然气和石油等多种能源，建立电力网、热力网、天然气管网的互联互通和互相补偿。为实现在长三角区域构建能源互联网世界级城市群，打造国际一流绿色三角洲，引领世界能源发展的能源一体化目标，硬件维度应能包括统筹清洁能源的生产、调度、输配、储运和利用的智慧化多能互补物理系统，以及基于互联网思维构建的数据信息和商业价值网络，这两部分分别对应着"实体能源世界"和"虚拟能源世界"的"两世界"建设；软件维度应强调以创新为本、市场为基，打破藩篱，探索建立高效、现代化的能源管理体制机制。

从两个维度建立能源供应系统、创新体制机制，同步打造两个世界"物理实体世界和数据虚拟世界"，开展长三角区域能源结构与总量需求、能源供给规模及多能协同供给系统等方面探索和试点，最终实现"清洁低碳、安全高效、多能互补、智慧协同、公平共享"的能源发展目标。

第一，大力推进能源供给侧结构性改革，优化长三角区域能源结构和布局，以"两个世界协同建设"为抓手，破除能源竖井，打造建设清洁低碳、安全高效的能源供给体系。大力发展绿色低碳能源，加快天然气和可再生能源利用，有序开发风能资源，因地制宜发展太阳能光伏发电、生物质能，安全高效发展核电，大力推进煤炭清洁高效利用，控制煤炭消费总量，不断提高清洁能源比重。同时按照协同思路推进实体能源世界和虚拟能源世界建设，选择试点区域全面采用"互联网+"智慧能源技术实现"源网荷储"协同，电、热、冷、气、信息和资金流"六流合一"。具体包括三个层次：一是物理网络层，建设以细胞体能源站为基本单元，从单元能源站拓展为社区（村、镇）能源微网及城市组团能源网，组建城市级多能互补能源供应网络系统。以电力网络为主体骨架，融合气、热、冷、氢等输配网络，以多能互补和多层次储能系统弥补风电、光伏固有的波动性弊端，全面支持分布式能源（生产端、消费端、存储端）的即插即用。二是信息层，充分利用云计算等先进技术，实现多种能源系统的信息共享，信息流与能量流通过信息物理融合系统（CPS）紧密耦合。三是价值层，侧重创新能源运营模式，促进绿色能源体系中跨区域跨行业的信息共享与业务交融；支持 B2B、B2C 等多种形态的商业模式，培育能源云服务、虚拟能源货币等新型商业模式。

第二，着力推进统一的"碳交易体系"和建立"能源跨区域协调与综合管理体系"，促进形成现代能源管理体制机制。按照全国碳市场的建设要求，结合上海市多年进行碳交易试点的经验，建立长三角区域统一的碳交易体系。同时，按照"管住中间，放开两头"原则，全面放开竞争性环节市场价格，形成由市场决定的价格形成机制。加快建立能源领域绿色生产和消费的法规体系和政策导向，在省级层面建立统筹各市及电、热、冷、气、水各领域的协调管理和监管统筹，充分发挥市场在资源配置中的决定性作用，同时更好发挥政府作用。广泛运用大数据、信息化技术，实现数字化能源综合管理和实时在线监管。具体可考虑如下技术路径。

（一）天然气分布式供能系统

天然气分布式供能系统包含燃机系统（内燃机、燃气轮机）、余热利用系统（余热锅炉、溴化锂机组、换热设备等）、烟风系统、冷却系统、润滑油系统、燃气系统等。为保障天然气分布式供能系统的正常工作，还需要进行配套的电气系统、自动控制系统、暖通系统等建设。根据燃机系统不同，可分为燃气内燃机分布式能源系统和燃气轮机分布式能源系统。分布式功能系统通过消耗天然气，产生冷热电，利用分布式供能技术可实现二氧化碳减排约 50%。

（二）多站合一能源站

多站合一能源站是集变电站、冷热电综合能源站和充电站于一体的多站合一能源站。这种形式的能源站点便于多种能源不同等级的相关转换和协调，是城市能源的重要枢纽。能源站依托于 110 千伏变电站，为区域提供大容量的冷、热、电能，适用于负荷较大、较集中的区域，利用区域内负荷不同时工作的特性，进一步优化能源站设备容量。多站合一能源站方案具备如下特点：（1）采用燃气轮机。特点为热电比高（一般为 2-3），适用于兆瓦级以上大功率发电的场景。（2）燃气-蒸汽轮机联合循环发电，通过余热锅炉再次回收热能转换蒸汽，驱动蒸汽轮机再次发电，发电效率可达到 55% 甚至更高。（3）余热供暖、供热水。烟气热量若有多余则排空；若不足，则由天然气驱动燃气锅炉来补充。（4）分布式光伏。利用变电站及周边的空间资源规划屋面、地面分布式光伏。（5）大型电动汽车充电站。利用 110 千伏变电站的空间及电源资源就近建设光储充一体化大型电动汽车充电站。

（三）清洁供热或供冷园区

清洁供热或冷型园区一般对于热/冷负荷需求相对较大，对电的需求相对较低。典型园区包括写字楼、大型商场等用户，这类用户常年需要大量的热或冷能源，清洁供热或冷型园区的推广对于提高清洁能源利用具有可观的示范作用。立足于就地平衡能源的需求与供给，实现高效节能、安全可靠、经济环保地运行。项目区域的热负荷相对较大，可以选择燃机+燃气锅炉工艺：在工业蒸汽负荷集中的经济开发区中选用燃气三联供+燃气锅炉方案，在生活热水负荷集中的城镇选用燃气锅炉方案。并充分利用当地资源禀赋，积极采用钢铁厂等工业余热补充供热。清洁供热或冷型园区方案具备如下特点：可根据峰谷电价差异及供热或冷价格采用各类储热设备及冰蓄冷设备；通过夜间的低谷电为储能设备加热或蓄冷，白天时间有储冷设备提供部分甚至全部热或冷负荷供应。商业模式上可参与消纳就近分布式可再生能源的弃光、弃风电能用于供热或供冷，降低运行成本。根据当地资源禀赋，可安装地源热泵等可再生能源供热或供冷设备，增加可再生能源利用率。采用集中供热或供冷方式，提高能源利用效率。根据附近能源供应情况，充分利用企业余热等资源，发挥能源互联网能源共享理念，减少企业用能成本。

（四）多能协同园区

多能协同园区对于电、冷、热等综合能源都有需求，通常是由多个企业在同一个园区组成的能源用户群。这类园区可通过多种能源协同优化运行提高园区的综合能源利用效率，同时减少用户的能源使用成本。核心是解决开发区清洁能源供给问题，通过在开发区建设多能互补能源网络，提高可再生能源和清洁能源占比，探索可持续的清洁能源供应、存储和消费模式，打造低碳环保的开发区。适用于智能楼宇、分布式能源站及微能源网等多能应用场景，包含分布式光伏发电、燃气三联供、中水利用、地源热泵、电储能、冰蓄冷、电动汽车充电桩等能源设施。多能协同型园区方案具备如下特点：分布式光伏、风电、燃气发电、三联供设备、储能设备较多，不同企业之间可协调运行。商业模式较先进，园区通过能源公司统一协调与调度电、冷、热、蒸汽等多种能源。园区内企业可通过联合建设、联合运营方式共建能源供应设备，提高能源使用效率。园区内可建设多个分布式能源站，不同能源站可根据就近服务企业综合用能情况灵活配置能源站的供能设备。园区适合隔墙售电交易机制建设及增量配网建设，以市场手段合理配置资源。

第三节　重点用能领域的技术路径

一、工业用能技术路径

长三角工业能源一体化，应大力推动工业结构调整，提高工业能效，调整工业用能的能源结构，工业供电深度脱碳，使得长三角工业快速发展后的能源消费缺口和能源消费增量，能够基本靠长三角区域内清洁能源供应。第一，结构调整控制需求，包括提高服务业比重、制定产业准入和产业引导标准限值高耗能工业发展，引导高碳产业退出，鼓励发展高新技术高附加值工业，延长产业链提高工业增加值率。第二，提高工业能效节能减排，包括系统优化用能、改进生产工艺、提高节能技术应用率等。第三，优化能源结构，包括严格控制煤炭使用、提高电气化率等。第四，工业部门的电力供应深度脱碳，推进少煤化和电气化，用可再生能源替代传统化石能源。

浙江省以纺织、印染、造纸、化学纤维、橡胶和塑料制品、金属制品等行业为重点，全面实施传统制造业绿色化升级改造。加强节能监察和用能预算管理，对钢铁、水泥熟料、平板玻璃、石油化工等新建、改建和扩建项目严格实施产能、用能减量置换。推动纺织印染、化学纤维、造纸、橡胶和塑料制品、电镀等行业产能退出，加大落后产能和过剩产能淘汰力度，全面完成"散乱污"企业整治。组织实施"公共用能系统+工艺流程系统"能效改造双工程，全面提升工业企业能效水平。

江苏省加快先进工业低碳技术推广应用，着力在钢铁、有色金属、化工、电子信息等重点行业重点企业开展节能降碳改造，打造绿色低碳示范工厂。加快建设循环经济产业链，构建产业链上下游、企业首尾间的代谢和共生体系。大力发展高新技术企业，加快推进深度脱碳的战略性技术。坚持以数字化推进低碳化，实施"互联网+智能制造"

示范工程，减少化石能源消耗。

以江苏和浙江区域的工业单体、工业园区、医院和交通枢纽四类典型用户进行天然气分布式供能为例进行分析。由于天然气分布式供能项目受天然气电价政策影响非常大，而上海电价较低，故重点对比江苏、浙江两省的典型机组。四类用户典型机组规模、投资额、年利用小时数、天然气价格及江苏、浙江两省的电价政策数据详见表2-1。

表2-1　四类用户用能相关数据

用户类别	典型机组规模（兆瓦）	投资额（万元）	年利用小时数（小时）	天然气价格（元/立方米）	电价（元/千瓦时）	
					江苏省	浙江省
工业用户	2	2000	6500	2.7	0.596	
	8	6400				
	16	12000				
工业园区	16	16600	5500	2.3	区域型 0.469 楼宇型 0.772	0.65
	28	27800				
	32	32000				
医院	0.464	600	6500	2.7	0.775	
	0.8	800	4320			
	2	1900	4320			
交通枢纽	4	18048	3360	2.7	0.791	

浙江省的电价政策总体上优于江苏省，浙江省能源项目蒸汽价格的承受力优于江苏省的项目，机组规模越大经济性越好，盈利关键点在于争取降低天然气价格。如江苏省能源项目可争取到楼宇式 0.772 元/千瓦时上网电价政策，则收益率大幅上升。工业园区用户机组规模越大经济性越好，盈利关键点在于争取降低气价。且在用地许可的情况下，可选择多站合一综合能源站提高分布式供能机组的经济性。

二、建筑用能技术路径

长三角建筑用能一体化，应全面做好建筑节能，降低建筑负荷，提升建筑效率，推进建筑能源系统低碳化，建筑用能基本靠长三角区域内清洁能源供应。

第一，大力发展绿色建筑，降低建筑负荷。合理控制建筑规模、提高建筑围护结构热工性能，推广被动式设计。修订公共建筑和居住建筑节能设计标准，落实绿色建筑条例及规划。发展装配式建筑和装配式装修，积极推广绿色建材应用和绿色施工，积极引导建设绿色生态城区，推进绿色建筑规模化发展。

第二，改造既有建筑，提升建筑能效水平。提升暖通、照明、给排水设备、燃气炉等设备的综合能效，结合城镇老旧小区改造、绿色社区建设，开展既有建筑用能系统调适，推动既有建筑节能及绿色化改造。继续开展并扩大城市级的公共建筑能效提升建设工程，建立完善公共建筑能耗统计、能源审计及能效公示制度，引导节约的建筑用方式。

第三，能源系统低碳化，推动绿色能源和技术应用。提高新建建筑可再生能源推广力度，大力推进太阳能光伏系统、空气源热泵热水系统等可再生能源在建筑领域的规模化应用，以及电力系统脱碳。制定政策推动政府投资或以政府投资为主的工程率先采用绿色建材，逐步提高城镇新建建筑中绿色建材应用比例。

未来，长三角区域数据中心的数量将迅速增长，绿色数据中心能源站是长三角能源一体化发展的一种重要建筑类型。规划建设绿色数据中心可提高数据中心的能源利用效率，减少能量损耗。数据中心的规划核心是满足数据中心高可靠性的用能需求，在提高园区能源综合利用效率的同时，降低数据中心电能利用效率（PUE）。园区在规划阶段将最大限度利用本地可再生能源，减少二氧化碳排放，通过综合能源规划，整合数据产业园及周边用户的用能需求，实现多种能源市场化交易，降低用能成本，实现绿色数据中心建设。综合方案包含分布式光伏、综合能源、基于低压直流的分布式不间断电源（UPS）方案、一体化停车场等内容。

绿色数据中心能源站方案具备如下特点：（1）燃气分布式。以分布式燃气替代部分柴油发电机，满足数据中心冷、热、电需求，降低运营成本，柴油发电机运营费用占比较少、化石能源的使用较节约、污染较少。（2）余热回收。通过热泵技术进行数据中心余热回收，解决数据供冷问题的同时可为周边用户供暖，避免能源浪费。（3）相变蓄冷。利用相变储能技术代替冰蓄冷，参与数据中心供冷，进一步提高能源与设备的利用效率。（4）按照最大限度利用可再生能源的原则，规划园区屋面、地面分布式光伏。（5）基于低压直流的分布式UPS系统，分布式UPS结合IT设备机柜一体化布置，可节省约30%占地面积，同时通过减少整流/逆变环节，可提高约10%用电效率。

三、交通用能技术路径

长三角交通用能一体化，因港口运输及交通枢纽的能源需求持续增加，交通部门能耗和碳排放都呈现增长的态势。应大力优化布局降低交通需求，提升交通效率水平，优化交通运输能源结构，实施交通基础设施能源一体化改造。

第一，优化区域布局，降低交通需求，建设低碳高效的一体化交通运输体系。发展集约高效运输组织方式，优化多式联运总体布局，完善多式联运运输服务网络，加快海公铁空协同联运发展。加快推进港口大宗货物"公转铁""公转水"，煤炭、矿石、焦炭等货类集疏运主要采用铁路、水运、管道、新能源车辆等绿色运输方式。推进长三角交通道路的互联互通，优化物流体系，发展城市间轨道交通和公共交通基础设施，形成公共交通为主体的城市交通结构，显著降低私家车使用率。

第二，发展智慧交通，提高交通效率。将信息通信技术与交通技术融合，提升绿色交通智慧化水平，推进大数据中心、云控平台、人工智能等新基建与绿色交通相融合。智慧驾驶优化路径，减少交通拥堵，降低能源使用。积极推进制动能量回馈系统、船舶推进系统、数字化岸电系统，以及基于先进信息技术的交通运输系统等先进节能技术创新，不断改进能效。

第三，推进清洁能源替代，优化交通运输能源结构。大力发展电动汽车、高铁、港口岸电技术，推动旅游用车和公共交通的电动化，以电能替代传统燃油装置，淘汰老旧车船，提高燃油经济性，实现交通领域显著节能减排。用天然气替代燃油，加快推动内河船舶"油改气"，建设清洁物流体系和清洁港口。

第四，加强交通基础设施绿色化建设，推动能源一体化改造。推进绿色公路建设，新开工高速公路建设项目全部按照绿色公路标准开展建设。鼓励新建和改扩建交通枢纽项目采用太阳能电池板、自然光照明、自然通风和遮阳等节能技术，推进零碳、低碳枢纽建设。加快专用充换电桩和公共充换电桩建设，支持个人自用充电桩建设，促进岸电设施常态化使用。

未来多站合一充电站是集加油站、加氢站和充电站于一体的多站合一充电站，可与城市商业综合体结合，将成为未来城市交通体系中一种重要的形式。智慧绿色多站合一充电站利用分布式光伏、分布式燃气发电、充电桩、加油、加氢、储能设备等基础设施，为不同类型的汽车提供加油、充电、加氢、加气等供能服务，利用云计算、大数据等技术搭建多站合一充电站综合运营管理服务平台，利用电力控制技术，对光伏、燃气、储能电力生产和多站合一充电站能源消费实施动态管理和协调控制。

多站合一充电站能源互联网规划方案具备如下特点：利用充电站及周边的空间资源规划屋面分布式光伏。通过建设燃气三联供设备可以为充电站提供电能，同时可为就近的商业综合体、高速服务区等用户提供冷、热等能源服务。通过电制氢、燃气制氢为氢能源汽车提供加氢服务。加油设备为燃油汽车提供加油服务。加气设备为燃气汽车提供加气服务。储能设备利用电网峰谷价格差异，结合分布式光伏发电、分布式燃气供能特性对电能、热能、冷能进行储存，进一步降低多站合一充电站的能源运行成本，增加能源服务收益。

综上所述，能源一体化重点在分布式能源项目布局。在江苏省及浙江省都可考虑重点跟进交通枢纽能源站，交通枢纽可通过综合能源站设计提高分布式供能机组的经济性。对天然气分布式项目，在经济性方面工业用户项目最优、工业园区项目次之，交通枢纽和医院项目较一般。工业用户业务切入机会可考虑新建、改扩建企业、煤改气企业、有上市需求的企业及政府重点关注的企业。对点供企业，可考虑工业综合能源服务，控制核心产能设备。工业园区用户业务切入机会可考虑地方政府、园区管委会需求及园区内主要用能企业需求。对园区内主要用能企业可考虑供电、供热稳定性、节能降碳、技术升级和降低用能成本的需求。公共建筑类综合能源项目中的医院和交通枢纽类用能种类多、用能时间长，公共建筑项目可考虑聚焦经济较发达城市，如长三角区域的上海、杭州、南京。区域综合能源投资开发，浙江省可优先开发工业用户、工业园区用户、交通枢纽类项目，江苏省可优先开发医院类用户及交通枢纽类用户。

第三章　创新长三角能源一体化体制机制

第一节　支持能源先进技术和装备产业发展

一、协调各地产业发展路径，集中优势形成差异化发展格局

一是发挥各自能源产业优势，优化产业布局。发挥市场和政府"两只手"的作用，既要以有序的市场竞争实现企业间的优胜劣汰和要素资源的集约高效利用，也要以有效合作实现地区间的错位融合发展和整体提升，构建基于比较优势、促进良性竞合的产业生态系统，培育差异化发展的各类产业集群。发挥上海在能源高端服务业、能源金融等方面的优势，强化其作为全国碳交易中心、区域能源交易中心、全国性低碳能源技术创新中心的地位。发挥浙江在氢能产业、光伏组件和核电零部件产业等方面的优势，推广其在电力现货市场交易、能源要素配置、保税燃料油跨港区供应模式、三代核电技术等方面的经验，强化其油气储备中心地位。发挥江苏在海上风电技术、光伏产业等方面的优势，推广其在分布式发电方面的经验，强化其风电、光伏产业中心地位。发挥安徽在能源储备方面的优势，建设长三角煤炭储备基地、长三角现代化煤炭物流体系、两淮电力输出通道，强化其能源保障中心地位。

二是推进可再生能源产业升级。将可再生能源开发利用与新型城镇化建设、产业结构升级、电力市场化改革等相结合，优化区域能源供给与消费体系。全力支持光伏、光热、风电、核电以及新能源汽车

等能源装备产业的持续发展，推动能源装备产业向精细化和高端化转型，鼓励企业从单纯设备制造向综合服务商转型。加快产业能源服务体系建设，积极培育壮大工程建设、技术咨询、运行服务、检测认证、知识产权保护教育培训等为支撑的可再生能源产业服务体系。

三是培育发展新兴能源产业。加快突破深海风电技术瓶颈，破除国外对深海风电技术的封锁，积极开发深海风电，增加深海风电装机，更好地利用长三角沿海地区地深海风能。加强氢能利用、生物液体燃料等技术创新，降低制氢成本，提升生物液体燃料的转化效率，增强氢能、生物液体燃料等替代能源能力储备。加快突破储能技术，提高能量存储密度，提高储能效率，增大储能规模，增强能源的灵活调节能力。用能源技术创新突破能源安全与低碳发展的制约。抓住新一轮能源科技革命机遇，聚焦能源互联网、综合能源、新能源微电网等新型能源构架和先进储能、氢能、燃料电池等新兴能源产业，加强扶持引导，扩大市场参与，着力推动多元能源形态协同转化、综合集成、智慧互联，促进可再生能源与新型能源架构、新兴能源产业之间的技术和产业融合，形成可推广、可复制的试点经验，扩展可再生能源发展空间。围绕光伏、氢能、储能，以及二氧化碳捕集、存储与利用（CCUS）等领域，支持龙头企业引领构建产业链与创新链，重点培育一批掌握关键核心技术、具有全球竞争力的龙头企业，加快构建世界级碳中和产业集群。

二、统筹先进能源技术研发资源，建立成果转化一体化机制

一是整合现有科研资源，开展全领域能源科技研究。长三角区域拥有碳中和领域从基础研究到技术创新，再到产业应用的全链条创新资源，大力挖掘长三角区域在碳中和领域的创新发展潜力，将长三角区域建设成为中国重要的碳中和技术创新策源地。整合上海交通大学、东南大学、中国矿业大学、华东理工大学等科研机构在煤炭清洁利用、煤炭高效热转化、石油化工、天然气管网等方面的优势；立足河海大

学水文水资源与水利工程科学国家重点实验室，整合在水利水电方面的科研优势；整合中科院上海应用物理研究所、上海交通大学等科研机构在核能安全利用、降低放射性废物方面的科研优势；立足上海交通大学国家能源智能电网（上海）研发中心，整合浙江大学、东南大学、合肥工业大学等在智能电网技术、可再生能源接入等方面的科研优势；立足同济大学新能源汽车及动力系统国家工程实验室，整合上海交通大学、浙江大学等在电能替代、城市能源高效清洁利用等方面的科研优势；整合上海交通大学、中国科技大学、浙江大学、华东理工大学等科研机构在可再生能源开发与利用方面的科研优势；立足浙江大学能源清洁利用国家重点实验室，整合上海交通大学、中国科技大学、同济大学等科研机构在节能减排、能源清洁利用方面的科研优势；整合中科院宁波材料技术与工程研究所、中国科技大学、浙江大学等科研机构在先进储能技术等方面的科研优势；整合中科院上海高等研究院、中科院宁波材料技术与工程研究所、上海交通大学等科研机构在先进能源材料、先进能源系统与装备等方面的科研优势；整合复旦大学、上海交通大学等科研机构在能源战略与政策方面的科研优势；形成覆盖"源网荷储用"全过程、涵盖化石能源和可再生能源的各能源种类，包含能源的一次、二次高效利用的长三角能源一体化研究体系。

二是成立长三角能源科技攻关平台，推动科研资源开放共享。长三角区域在能源领域具有较强的科研力量，积累了较高的科研优势，但是科研机构间存在研究领域重叠、科研要素不畅通等问题。建议梳理三省一市联合编制的系列科技发展规划、科技合作行动计划，在此基础上完善创新科研资源共享机制，统筹布局科研平台，减少科研基础设施的重复性建设和科研方向的重复布局，形成差别化、错位化、梯次衔接的能源科研协同发展的局面。建议围绕能源品种、能源开发利用的各个过程组建能源实验室联盟，成立长三角能源公关平台，协同开展能源基础领域的重大科学问题与技术攻关研究，开展海上风电、能源存储、氢能发展等关键技术与前沿领域的研究，尽快解决一批"卡脖子"问题。建议支持"长三角可持续发展大学联盟"，培育碳中和领域世界级学科和研究机构，加大碳中和领域科技重大基础设施布局，战略性布局一批节能低碳、零碳、负碳的基础性前瞻性研究项目。打破现有机制约束，统一调动人财物等创新资源，建立国家重点实验室之间以及与国家其他重要研究机构之间的人才流动机制，提升学科交叉、资源共享、联合攻关的能力。继续深化科研资源共建共享机制，建立科研机构间的科研资源共享平台，加大大型科研仪器、科研平台的利用率；充分调动长三角区域内的各种科研资源，建立国有科研机构与社会化科研机构之间的联系平台，畅通科研要素之间的流动渠道，集中力量开展能源基础研究的科技攻关。

三是对接能源装备产业企业，畅通科研成果转化渠道。积极推进长三角区域企业、高校、科研院所加强科研合作和技术攻关，搭建以企业为核心的产学研平台体系，支持行业领军企业牵头建立产学研战略联盟。加强创新平台建设，构建以企业为主体、市场为导向、产学研深度融合的技术创新体系，实现共性技术共研共享，提高长三角区域内能源技术整体水平。建立产学研沟通平台，打通企业与科研机构的沟通渠道，让技术创新围绕着企业的"卡脖子"问题开展，企业将技术创新应用落地。加快推进长三角技术转移体系建设，培育技术交易中介机构，推动技术、资本、人才、服务和产业市场联动融合，共同搭建创新合作交流和技术交流对接活动平台。推动上海技术交易所、浙江科技大市场、江苏省技术产权交易市场、安徽科技大市场等技术转移转化机构深度联盟，深化信息共享、资源共通，共建一体化技术交易市场，合力推进区域科研成果在长三角落地，加速能源装备技术的更新换代，实现能源产业的快速升级。

三、基于产业发展基础，建立区域性的产业合作组织

一是建立区域性产业合作组织。根据长三角各地的产业优势，建

立长三角产业合作组织，协调行业内产能布局，完善行业的产业链，提升行业的整体发展水平。进一步优化可再生能源装备制造产业链，加快对高效光伏组件的研发、设计和制造，提升光伏发电企业竞争力。加快海上风电装备研发、设计和制造基地建设，完善风电机组关键零部件、装备制造、运行维护等产业链，建设海上风电施工运维一体化应用基地，逐步形成自主可控的海上风电产业体系。

二是建立跨区域产业合作园区。在平等协商的前提下，鼓励建立各类跨区域产业合作园区，支持"飞地经济"的发展。立足沪苏大丰产业联动集聚区、苏滁现代产业园、中新（嘉善）现代产业合作园、宁波杭州湾新区浙沪合作示范区等共建园区建设，建设形成能源技术、能源装备、能源服务产业合作园区，促进能源产业资源的跨区域流动，带动各地能源产业的快速发展。

四、建立适应一体化发展的人才激励政策

一是探索人才服务合作机制。在 2018 年签署的《三省一市人才服务战略合作框架协议》的基础上，继续深化长三角人才合作机制，聚焦"人才服务协同计划""人才流动合作计划"和"人才发展推动计划"三大行动计划，整体推进长三角区域的人力资源协作。共同举办长三角区域人才交流洽谈会等活动，推进外国人工作许可就近办理事项。

二是统一完善人才认定标准。对高端人才、国际人才和紧缺人才，统一和完善认定标准，建立长三角区域人才认定体系。推动职业资格国际互认，推动职业资格认证与国际接轨。多措并举地引进创新人才，吸纳海内外人才，将长三角打造成全球优秀科技人才的汇聚地。

三是放宽大城市居住落户条件。提供更加便利的国际人才签证、绿卡制度，建立更加便利的居住证制度，实行技术移民和永久居留申请制度，为相关人才跨区域、跨行业、跨体制的流动、就业和创业提供更加便利的条件。目前，长三角区域仅上海、南京、杭州、合肥、苏州五座特大、超大城市保留着落户限制。在特大、超大城市探索对

高端人才、国际人才和紧缺人才放宽落户条件的政策。

四是放宽高端人才的财税政策。探索长三角区域的知识产权证券化试点，切实保护高端人才的知识产权的合理收益。可探索建立技术移民制度，实现外籍创新人才创办科技型企业享受国民待遇。允许三省一市政府以地方财政返还方式，降低高端人才、国际人才和紧缺人才的个人所得税征收水平，提升长三角吸引人才的国际竞争力。

第二节　统筹能源和配套基础设施规划开发和系统运行

一、建立跨省跨部门的统筹协调机制

（一）建立长三角能源工作领导小组，形成会商机制

成立长三角能源工作领导小组，领导小组立足长三角全域，破除行政区划的限制，把握能源的整体性、系统性、路径锁定性等特点，统筹处理好局部和全局、当前和长远、重点和非重点的关系，掌握能源发展节奏和步骤，本着发挥比较优势、实现合理分工、共商共建共享的原则，整体规划长三角区域的能源发展布局。领导小组形成定期会商、重大问题专项协商制度，综合考虑长三角各地的能源禀赋、产业基础、发展前景等因素，协调三省一市的利益，统筹长三角区域能源规划布局，加强与上位规划、同级规划的衔接；统筹产供储销全领域、全环节，强化能源产业全过程安全；统筹市场改革和保障供应的关系，满足人民对优质优价能源的需求，实现能源与经济社会协调发展。

（二）统一编制长三角能源一体化发展专项规划

依据《长江三角洲区域一体化发展规划纲要》，从服务国家发展战略、面向未来全球竞争、立足于全局全域角度，尽快构建科学完善、

覆盖全域的长三角能源一体化发展专项规划，统筹考虑区域内各地的资源禀赋、发展基础、区位特征、环境容量、带动效应等因素，引领长三角区域能源一体化科学发展，统筹长三角全域的能源开发、能源基础设置建设、能源产业布局等。基于长三角能源一体化发展规划和各省自身的碳达峰行动路线，制定长三角区域的碳达峰行动路线，明确长三角区域能源活动碳达峰的时间表、路线图和施工图。

（三）建立统一的能源资产统计核算制度，摸清区域能源消费底数

在长三角区域按照统一的标准，对各类能源进行资产摸查，对各省市实际的能源生产量和能源消费量等编制统一的能源资产负债表，为能源资产的价值核算、市场化交易和政绩考核创造必要条件。建立统一的能源检测网络和能源大数据平台，开展统一的能源监测，服务全域的能源监管，实现能源监测信息共建共用共管。

（四）建立跨省的面向多种能源的能源监测预警机制，保障区域能源安全

进一步完善各类能源供应协调机制，保障能源生产、输送、调度、消费安全。完善能源信息发布制度，加强能源预测、预警，加强对煤炭、油气等重要能源产品供应情况的动态跟踪监控，及时发现问题并予协调解决。加强技术支撑，科学运用视频智能分析、精密监测和大数据分析等手段，开展能源重大设施运行数据实时采集，辨识违法违规行为，实现预警监测监控。建立完善应急预案，健全能源安全风险管控体系，落实安全生产属地监管责任和企业主体责任。

二、建立统筹协调的能源开发和基础设施建设规划体系

（一）统筹协调基础设施布局，优化能源开发时序

坚持统筹规划、联动建设、协同运营、智慧管理，提高基础设施

的互联互通水平，增强基础设施对能源一体化发展的支撑作用。加强能源发展与土地利用规划、海洋主体功能区规划、海洋功能区划、城乡建设总体规划、交通规划、水利规划等总体规划的衔接和配合，建立多规合一的统筹规划体系，优先考虑可再生能源建设用地和海域使用。按照长三角能源一体化发展规划，依据各地的能源储藏量、能源禀赋等条件布局各类能源基地。依据能源资源的开发难度、经济效益等优化长三角能源基地的开发时序。

（二）强化骨干网架结构，推动区域间电网互联

加快主干网架结构升级，建成 500 千伏环网和 220 千伏构建的坚强的主干网架，增强长三角区域的电力互济水平。加快推进基于西北、西南清洁电力基地输入的特高压工程建设，加强两淮电力送出通道工程建设，强化安徽在长三角区域中的电力枢纽地位，保障长三角区域的用电需求。推动区域间配电网互联，打破供电区域的刚性隔绝。以"互济互保、互联互通、互供互备"为目标推动长三角区域配电网互联工程建设，促进跨区域电力融合，优化电网投资，增强省区间电力交换与支援能力，提高供电可靠性，形成线路末端联络、负荷转供灵活、网架结构坚强的一体化配电网。

（三）加快油气管网建设，实现管网间互联互通

随着国家网管公司成立，对全国主要油气管道基础设施进行统一调配、统一运营、统一管理，油气行业中游管输环节与上游勘探开发和下游市场销售分开运营，初步形成"X+1+X"的油气市场体系架构。长三角区域要加快内省级管网融入国家管网，避免各省天然气管道重复建设，避免省际、省内天然气资源调配的无序竞争问题。优化油气管网布局，加快油气管网建设，实现长三角区域内油气管网互联互通。优化原油供应通道，推进成品油管道与周边省市间的互联互通。加快推进天然气联络线建设，共同推进天然气沿海大通道建设，减少

输气层级，提高输配效率，降低终端用户用气成本，提高天然气利用规模。这将对长三角区域基础设施的公平开放和统筹调配打下坚实基础。

三、强化构建一体化的能源运行体系

（一）继续构建互认共融的能源运行体系，增强跨省互济水平

基于华东电网和华东特高压交流环网，加强长三角三省一市和福建省的电力的互联互通，增强区域间电力调度的灵活性，形成华东地区的灵活性资源的统一调配，加强区内抽水蓄能联动开发和资源共享，加大省际间抽水蓄能调峰支援力度，研究建立长三角区域抽水蓄能市场化运行的成本分摊机制，在满足电力需求的同时提升区内新能源的消纳水平。建设联通石化基地的石油管网，加强建设省际间的石油管网联络线，打通省际间的交易隔阂，实现"市市通"；建设覆盖全域、多气源衔接、互联互通的统一的天然气管网，建成并完善长三角区域的主环网，实现天然气管道县县通；建立一体化的油气交易平台，以市场化手段提升省际间油气的调度能力和互济水平。

（二）建立多能互补的智慧能源网络，增强灵活性资源的互济能力

加快构建结构多元、供应稳定的现代绿色能源产业体系，建立健全可再生能源电力消纳保障机制，提升不同种类的可再生能源、可再生能源与灵活性资源之间的互补。提升能源安全输送能力，统筹煤、电、油、气网运设施能力建设。扩大能源资源及产品储备规模。完善能源储备设施布局，增强长期战略性储备、平时和应急调峰性储备能力。统筹考虑储电、储热、储冷、储氢等多种储备方式，实现抽水蓄能、电化学储能等多种储能技术优势互补，发挥好调节供需平衡和能源供应安全保障的作用。增强氢能、生物液体燃料等替代能源能力储备，探索"海洋牧场""绿色海岛""千乡万村"等智慧应用场景。

（三）加强平台建设，优化综合供能服务网络

建设统一的能源终端消费管理平台，实现水电煤气终端消费的集中统一管理，建立基于市场化运行的统一的能源定价规则，实行能源终端消费的一站式服务，减少消费客户端的重复建设。构建统一的城市燃气管网管理体系，完善电动汽车充电基础设施布局，优化城市和县城供热管网体系，提升供热效率，构建布局合理、功能完善、民生优先的综合供能服务体系。实现统一的配电网运行体系，提升配网自动化水平，增强行政区域边界地区配网的联合调度水平。

第三节　加强能源要素市场化建设

充分发挥市场在资源要素配置中的决定性作用和更好发挥政府作用，推动能源要素向优势地区、优势行业、优势项目倾斜，探索长三角能源要素一体化配置机制，提升能源要素集约利用水平。

一、长三角油气交易平台建设

（一）加快建设国家油气战略储备基地，建设具有国际影响力的油气资源配置中心

按照国家的统一部署，加快推进油品储运项目建设，完善油品储备体系，提高石油供应保障能力。加快管网和储气设施建设，补齐天然气互联互通和重点地区输送能力短板，提升天然气储气能力，建设国家油气战略储备基地。提升油品流通领域市场化配置能力，打造LNG接收中心和辐射长三角的中转分销体系。积极引进油气贸易国际战略投资者，高质量打造油气全产业链，建成推动油气全产业链建设。推动建设绿色石化基地，加快石化炼化产业转型升级，推进国际化招商，打造高端绿色石化产业链。

（二）加快建设国际能源贸易基地，建设国际能源贸易交易平台和结算中心

"十四五"时期，要抓住国际油气市场转变和消费市场增长的机遇，依托上海自贸区、浙江自贸区建设，建设国际油气交易中心，高质量打造全球油气全产业链。构建由龙头企业、重点企业、集群企业组成的能源结算综合体，提升大宗商品跨境贸易金融服务与监管水平，加快大宗商品期现市场联动发展。积极参与国际能源市场，依托上海石油天然气交易中心，在管道气和 LNG 现货的基础上增加天然气期货交易，满足多元化的市场需求。不断完善交易规则，充分借鉴纽约商品交易所、美国洲际交易所、新加坡交易所等世界一流能源交易所的发展经验，在合约设计、交易规则、交易服务等方面逐步与国际接轨，努力建设国际能源贸易交易平台和结算中心，发挥在国家能源安全保障等方面重要作用，并形成系列制度创新成果，为全国油气全产业链发展提供经验。

（三）加快推进油气体制机制改革，实现一揽子改革计划落地

稳妥推进上下游直接交易、管网独立、管输和销售分离改革，打破省级管网统购统销，实行管输和销售业务分离，完善天然气领域自然垄断和可竞争环节分类监管方式。在改革过渡期实行政府主导的价格联动机制的基础上，逐步完善市场化价格形成机制，建成天然气交易板块。加快推进油品体制改革，争取更多企业获得原油进口、成品油出口资质和配额，充分提高原油加工、贸易环节市场参与度，健全船用低硫燃料油供应市场。加快推进输气策略改革，依据天然气基地的储量、天然气负荷中心的需求量及不同管道的运价率，优化气源供应路径，建立管容分配和交易规则，实施更加经济的输气策略。制订并实施石油储备改革试点方案，推动城镇燃气扁平化和规模化改革，加快推进油气储运设施公平开放，实现一揽子油气改革计划落地。

二、长三角一体化的区域电力现货市场建设

（一）加快省级电力现货市场建设，推动长三角区域电力市场建设

在确保电力系统安全稳定运行和电力可靠供应的基础上，积极稳妥推进浙江省电力现货市场运行，探索长周期不间断结算试运行，不断积累运行数据和经验，给予市场稳定预期。加快上海市、江苏省、安徽省电力市场建设，加强与长三角区域电力市场的统筹与协调，在浙江省电力现货市场的经验上，朝着有利于长三角区域电力现货市场发展的方向建立一整套核心规则体系，规范市场模式、交易时序、出清规则、价格机制等，推动各省市电力现货市场的开放融合，最终实现电力资源在长三角区域优化配置的作用。

（二）破除要素流动弊端，传导正确的价格信号

以带动各类市场要素大规模优化配置为目标，着力解决现阶段长三角区域电力现货市场中要素流动存在的体制机制弊端，破除省间壁垒，结合输配电价、交叉补贴、电网结构、电力电量平衡格局、技术能力等市场基础条件的变化，进一步扩大市场主体范围、丰富交易品种，保证电价信号的正确性，实现在区域范围内正确电价信号的有序传导，提升提高电力行业的整体投资效率，引导电力技术向关键领域发展，并提升电力数据的商业应用潜力和价值。

（三）完善市场管理运作体系，确保电网安全稳定运行

理顺各级电网调度机构与交易机构间的权责划分和运作关系，并尽可能减少调度权的更迭，保证市场机制设计与电网调度方式相适应。完善面向长三角区域电力市场管理运作体系，进一步细化在市场演进过程中区域内长期和现货市场在交易时序、信息交互、阻塞管理与安

全校核上的协调机制，保证在市场演进过程中各个市场环节的协同运作与平稳运行。

（四）规范市场信息披露，促进可再生能源消纳

充分披露市场竞争所需要的信息，规范信息披露工作，做到公开信息充分披露，涉密信息做好保密，干预信息及时封存。推行能源绿色证书交易，推动建立绿色电力交易市场，做好现货市场与辅助服务市场、容量市场、金融衍生品市场的衔接，做好不同市场间的配合，大力促进可再生能源消纳。

三、支撑长三角一体化发展的低碳机制建设

（1）基于省级碳交易市场试点的前期经验和全国碳市场的推进情况，构建长三角碳交易市场，加快适应区域控碳需求的重点排放行业和企业的认定和排放核算工作，将区域碳市场与区域碳达峰行动方案相结合，在全国碳市场未覆盖的重点领域推动碳减排。

（2）面向企业需求和国家要求，完善可再生能源超额消纳量交易和绿电交易机制，加快绿色低碳能源的环境效益的实现。针对跨国企业的在华业务和国内龙头企业对绿电和低碳能源的需求，在长三角区域试点建立绿电交易机制；基于国家的可再生能源消纳保障机制工作的推进，基于长三角区域的电力交易中心，推动可再生能源超额消纳量的交易。

（3）加快相关低碳服务行业的发展，探索建立相关金融衍生品交易机制。加快碳排放核算、碳足迹认证等相关服务行业的发展，与国际接轨，为应对国际碳边境调节机制和供应链碳排放延伸核算等提供能力支撑。探索建立和完善基于碳交易和绿色能源交易的低碳金融衍生产品的设计和相关机制的建立，包括碳配额期货、CCER、碳汇交易等。一方面可以丰富低碳减排的内容，另一方面有助于抑制价格波动。

（4）探索能源低碳的市场化模式，建立一体化低碳生态交易新市场。试点排污权等要素配置一体化，健全排污权有偿使用制度，拓展长三角区域排污权交易的种类，倒逼高污染企业生态转型。开展碳汇资源价值核算，探索碳汇资源权益交易机制，加快碳汇资源的价值实现。探索可再生能源超额消纳量交易机制、绿证交易机制、碳足迹认证机制，推进长三角区域低碳产业化，产业生态化。

（5）加快能源供给与消费协同转型，打造能源低碳化新业态。长三角区域人口集中、产业密集、能源消耗总量大，实现长三角区域低碳发展的关键在能源。在能源供给侧，"节能、净煤、减气、少油、多绿电"，推动能源供给清洁化。持续增加外调可再生能源电力规模，全面提升本地可再生能源的消纳能力，逐步摆脱以煤油为基础的能源供给格局，推动构建多元化清洁的能源供应体系。在能源消费侧，"以电代煤""以电代油"，深度推广电能替代，挖掘交通领域电能替代潜力，加速推广电动汽车和氢燃料电池汽车，加快港口、机场岸电等基础设施建设，全面推进电气化和节能提效。

四、加强市场个体信用管理，推进构建公平有效的市场环境

建立健全碳排放权、用能权、排污权奖惩机制，确保责任主体及时履行履约义务。及时公布用能单位履约情况，树立履约单位履行社会责任的良好形象，曝光拒不履约单位名单。加大处罚力度，将拒不履约的单位纳入失信企业黑名单，纳入当地信用信息共享平台，并与全国信用信息共享平台对接。探索对严重失信主体实施跨部门联合惩戒，维护制度的权威性和公信力。建立公平、公开、透明的市场环境，及时发布各种能源要素市场的供需信息，建立预测预警机制。探索研究设立交易调节基金，用于引导市场预期，交易初期驱动市场，平抑市场价格异常波动，维护市场秩序。

第四节　加强智慧能源建设

一、推进智慧能源建设

（一）整合能源领域现有数据库系统，打造长三角数字能源平台

发挥数字经济优势和清洁能源产业基础，以绿色低碳、智慧互联为方向，分类推进技术创新、产业创新、商业模式创新，推进能源与数字技术、信息技术深度融合，鼓励能源基础设施跨界融合发展，创新综合能源服务、分布式供能等能源利用模式，深化能源重点领域体制改革和机制创新。加快推进长三角数字能源开发合作，共同推进能源基础设施智能化改造建设，共同建设长三角区域数字能源开发运营合作平台，加强长三角电力及能源数据共享，打造一体化智慧能源生态圈，提高能源管理的智能化水平及决策的科学性。

（二）推动能源全产业链各类基础设施数字化智能化

加快配电网、统调电厂智能化改造，建成多元融合高弹性电网。加快省间、省级油气主干管网全部完成智能化改造，提升能源数字治理水平。推进自用充电基础设施智能有序充电，引导充电基础设施参与电力需求响应。推进天然气需求侧管理完善有序用气方案，优化发电和用气联调联供机制，实施阶梯性、差别化价格政策，鼓励储气服务、储气设施购销气量挂牌交易，控制季节性峰谷差。

（三）推动能源一体化综合利用和智慧示范工程建设

要加快推进能源与信息融合发展，以新技术、新模式、新业态改造能源产业，争取高质量创建长三角智慧能源示范区，为全国智慧能源建设提供示范样本。试点推广源网荷储一体化模式，在条件基础较

好的区域开展市（县）级源网荷储一体化、园区级源网荷储一体化等综合能源服务模式探索，实现横向"电热冷气水"、纵向"源网荷储调"的多元能源形态协同转化。支持建设能源互联网形态下的多元融合高弹性电网，提升可调节、可中断负荷水平，提高移峰填谷能力，提高非化石能源消纳能力。开展新版绿证试点以及可再生能源、储能市场化机制试点和"海岛风光柴储及海水淡化一体化"试点。

二、建立区域性的强化节能标准，推广新型节能技术

（一）建立区域性能源技术和节能标准，适时提高区域节能标准

对于传统能源产业，瞄准国际高技术市场，建立对标国际行业标准甚至高于国际行业标准的区域内行业标准，提升区域内优势产品在国际市场的竞争力。对于新兴能源产业，迅速开展区域内标准化建设，积极参与国内、国际行业标准的制定，提升区域内能源新兴行业的话语权。提升区域内节能减排标准，使区域内节能减排标准高于国家标准，在实现区域内经济快速发展的同时，加大节能减排力度。梳理长三角区域各省市现行的节能标准，对各省市目前执行的各类节能标准分门别类，在此基础上，综合考量各省市的现状，指定符合长三角一体化发展的长三角区域性的节能标准，以满足一体化发展的要求。集中修订交通、建筑等重点用能部门的节能标准，在现有版本的《居民建筑节能设计标准》和《公共建筑节能设计标准》的基础上，适当提高节能标准，降低建筑领域的能耗。进一步完善超低能耗技术应用标准体系建设，大力推广超低能耗技术的应用。

（二）开展重点领域的节能行动计划，提升重点领域的节能水平

在交通领域，加速绿色低碳交通转型，深化交通运输结构调整，打造绿色低碳的综合交通体系。加快黄标车、老旧车辆、高耗能的农用交通工具的腾退工作。坚持优先发展公共交通，持续加大碳中性交

通工具的推广力度，持续提高电动公交的占比。加大新能源汽车的推广力度，力争新增的公交车、出租车、公务用车和特殊行业用车全部选用新能源汽车。在建筑领域，不断提升建筑能耗等级，推广绿色建筑设计标准，着力推进超低能耗建筑规模化发展。开展建筑能耗监测系统升级改造，建立能耗与碳排放限额管理体系。全面实行建筑用能限额设计标准，推进建筑领域可再生能源规模化应用。继续开展公共建筑节能改造，大力发展绿色建材，逐步降低现有公共建筑的能耗。

（三）加强节能教育宣传，提升全民节能意识

在机关、社区、企事业单位大力开展低碳节能宣传，提升员工的节能意识，在日常工作生活中做到节约每一滴水、每一度电、每一升油、每一张纸。在单位、企业普及低能耗用电设备，降低企事业单位的能耗水平。加大对学生的低碳节能教育，从小培养学生的节能意识，养成良好的节能行为和习惯。

第五节　加强法规政策体系建设与共同发展

一、完善能源一体化法规标准体系

加快清理并废除妨碍长三角统一能源要素市场建设和市场公平竞争的各种法规、标准和规定，加快构建统一市场的制度基础。根据长三角一体化发展的需要，抓紧制定全区域相对统一的法规标准体系和监管规则，统一相关行业、企业的准入规则，实现企业证照、资质互认，消除对新设企业及外地企业进入本地市场的各种歧视和限制。统一执法标准和监管规则，增强监管执法的透明度，实现信息共享，坚持公正执法，坚决破除区域保护和市场壁垒，促进市场公平竞争。

围绕能源产业发展、能源安全存储、能源合理分配、能源高效利用、清洁能源开发、化石能源替代、能源机制建设，建立重点标准清

单，推进长三角能源发展标准体系建设。依托重点企业、科研机构和行业技术专家，积极开展氢能利用、储能、电力需求侧管理等领域地方标准、行业标准制定工作。研究制定能源数据清洗、脱敏、确权、共用共享和市场化交易等相关法规规范，研究制定电、气、热等多种能源消费信息的集中自动采集和跨行业数据共享标准体系。

二、建立共同发展机制，增强发展均衡性

（一）健全政策制定协同机制

建立重点能源领域制度规则和重大政策沟通协调机制，提高政策制定统一性、规则一致性和执行协同性。全面实施全国市场准入负面清单，实行统一的市场准入制度。加强政策协同，在能源政策领域建立政府间协商机制，根据达成一致的意见形成协同方案，由各级政府依据协同方案制定相关政策措施。建立统一规则，统一能源产业发展模式，提高政策执行的协同性，强化能源领域的执法联动。

（二）健全统一规划管理机制

创新能源规划编制审批模式，探索建立统一编制、联合报批、共同实施的能源规划管理体制。统一编制长三角能源一体化发展总体方案，按程序报批实施。地方依据总体方案共同编制各类专项规划，联合按程序报批。各类专项规划由沪苏浙皖共同编制、共同批准、联合印发。逐级落实划定加快建立统一的规划实施信息平台，推进各类规划实施的有效衔接和信息共享。

三、创新实践一体化发展的支持政策体系

（一）落实国家能源扶持政策

落实国家对可再生能源、分布式能源等发展扶持政策，支持可再

生能源战略性新兴产业、节能排等领域发展。加强信贷政策和可再生能源产业政策衔接配合，鼓励可再生能源相关金融产品和服务创新，为可再生能源投资多元化提供便利。

（二）创新能源财税分享机制

理顺能源领域利益分配关系，探索建立跨区域能源投入共担、能源利益共享的财税分享管理制度。推进能源企业税收征管一体化，实现地方办税服务平台数据交互，探索异地办税、区域通办，便利能源企业的办税途径。研究对新型能源企业形成的税收增量属地方收入部分实行跨地区分享，分享比例按确定期限根据因素变化进行调整。建立沪苏浙皖财政协同投入机制，按比例注入能源开发建设资本金，统筹用于区内能源建设。

（三）完善财政奖补机制

完善与能源产品质量和价值相挂钩的财政奖补机制。实行能源财力转移支付资金与"绿色指数"挂钩的分配制度。建立健全推进清洁能源发展、能源高效利用、化石能源替代等方面的支持政策，完善单位生产总值能耗等方面的财政奖惩制度。加大清洁能源项目的支持力度，鼓励采取重点项目投资补助、政府和社会资本合作等多种方式支持绿色循环低碳发展标志性工程建设。优化居民用水、用电、用气价格机制和污水、垃圾等排放和处理的差别化收费机制。构建区域能源协调发展新机制。加快发展分布式能源，着力增强长三角区域能源自给能力。大力推进源网荷储一体化和多能互补发展，提高现有跨区能源输送通道的利用率，加大新建通道外送新能源比重。

（四）创新绿色金融发展机制

探索建立绿色信贷、绿色债券、绿色保险和自然资源产权交易市场，鼓励大型商业银行在示范区率先开展绿色产品和服务业务。发展以排污权为代表的环境权益抵质押市场渠道，推行以碳交易为特色的创新型融资模式。强化绿色信用体系建设，制定绿色金融统计标准，建立绿色金融全链条的环境信息披露机制，便利投资者和金融机构有效识别绿色项目和融资主体并对绿色项目进行合理定价，从而吸引更多的社会资金投入绿色项目。筹划建立绿色发展政策性投资银行，为跨行政区重大节能环保、清洁能源、绿色交通、绿色建筑等工程项目投融资、运营、风险管理等提供金融服务。发展多层次风险资本市场，构建一体化绿色金融服务网络，为绿色企业提供融资支持。探索建立"能源一体化发展平衡基金"，用以实现一体化绿色发展中的奖惩机制和弥补重大投资不足等问题。

结 束 语

2019年5月13日，中央政治局会议通过《长江三角洲区域一体化发展规划纲要》。能源作为经济社会发展的重要支撑，经济发展与能源供应的不平衡、不协调将成为区域一体化发展的重大阻碍。长三角一体化高质量发展，必然要求能源的一体化高质量发展。因此，我们决定编写一本统筹考虑经济社会发展、能源供需，以及相关实现路径与体制机制政策的书籍。自2020年立项以来，本研究得到了多个部门、研究机构、高校、学会、企业和众多专家的大力支持。在此，我们衷心感谢多年来为我们团队的能源研究工作、为本书顺利出版提供帮助的所有单位和个人。感谢杜祥琬、刘吉臻、于俊崇、李阳、郭旭升、汤广福院士一直关心研究团队的工作，并提供了悉心的指导。感谢能源基金会（中国）为相关研究工作提供的大力支持。

与此同时，还要感谢研究团队成员所在的单位为各位研究人员从事这项工作提供了大量的帮助。在过去研究中，我们围绕长三角能源高质量发展进行了专题和案例研究，在此对以下为本书案例提供大量基础数据和相关资料的各单位表示感谢：中国华电集团公司、国网能源研究院、中国石化江苏石油分公司、中海石油气电集团有限责任公司、新奥集团股份有限公司、中国石油和化学工业联合会、中国电力企业联合会、中国汽车工业协会、中国城市燃气协会。

感谢应光伟、孙耀唯、马君华、徐双庆、王婕、孟凡达、高辛睿、谭笑、王中华、许睿谦、鲁成浩、杨清元、宋昶、张韬、张天琪、宋雨宸、陈诗风、钟悦、张最、冯帆、银朔、王彦哲、张筱琪等对本书成稿的积极贡献，感谢张玉清、曾兴球、史丹、唐金荣、叶春、赵风云、时璟丽、宫敬、张道勇、许书平、白雪松、杨晶、赵良英、顾阿伦、李育天、曹袁、任世华、思娜、刘峰、郑德志、叶海超、钟财富、刘玉红、张超、袁家海、王清勤、崔磊磊、薛兆杰等专家学者对本书提出的修改建议。感谢清华大学能源互联网创新研究院、冶金工业出版社等对本书校核、印刷出版等工作的大力支持。

受制于研究者的学识和积累，我们对长三角能源高质量发展相关问题的研究，无论从研究内容的广度、深度和完整性，还是对相关公共政策、案例的剖析，都还有巨大的改进空间。我们研究的一些结论和观点，难免有疏漏和不足，恳请各位专家学者不吝指教，以期我们的研究能够不断深入。

参考文献

［1］何景师，王术峰，徐兰．碳排放约束下中国三大湾区城市群绿色物流效率及影响因素研究［J］.铁道运输与经济，2021，43（8）：30-36.

［2］薛若禹，廖吉林．基于 Logistic-AHP 混合模型的长三角物流企业技术创新影响因素探究［J］.物流科技，2021，44（8）：16-19.

［3］国家能源局石油天然气司．中国天然气发展报告（2020）［M］.北京：石油工业出版社，2020.

［4］国务院发展研究中心资源与环境政策研究所．中国能源革命进展报告（2020）［M］.北京：石油工业出版社，2020.

［5］唐文，蒋晔，王卉．区域综合能源深度融合一体化模型研究［J］.上海节能，2021（7）：660-667.

［6］李继峰，郭焦锋，高世楫，陈怡．中国实现 2060 年前碳中和目标的路径分析［J］.发展研究，2021，38（4）：37-47.

［7］Cai Wenbo, Jiang Wei, Du Hongyu, Chen Ruishan, Cai Yongli. Assessing Ecosystem Services Supply-Demand（Mis）Matches for Differential City Management in the Yangtze River Delta Urban Agglomeration［J］.International Journal of Environmental Research and Public Health，2021，18（15）.

［8］Dahal K, Juhola S, Niemelä J. The role of renewable energy policies for carbon neutrality in Helsinki Metropolitan area［J］. Sustainable Cities and Society，2018，40：222-232.

［9］Button C E. Towards carbon neutrality and environmental sustainability at CCSU［J］.International Journal of Sustainability in Higher Education，2009，10（3）：279-286.

［10］Pilpola S, Arabzadeh V, Mikkola J, Lund P D. Analyzing national and local pathways to carbon-neutrality from technology, emissions, and resilience perspectives—Case of Finland［J］.Energies，2019，12（5）：949.

［11］ Niemi R，Mikkola J，Lund P D. Urban energy systems with smart multi-carrier energy networks and renewable energy generation ［J］. Renewable Energy，2012，48：524-536.

［12］ Christian H，Sara G，Benner P. Model order reduction for gas and energy networks ［J］.Journal of Mathematics in Industry，2021，11（1）：1-53.

［13］ Nazar M S，Heidari A. Planning and operation of multi-carrier energy networks ［M］.Switzerland：Springer，2021：121.

［14］ Nazari Heris M，Asadi S，Mohammadi Ivatloo B，et al. Planning and Operation of Multi-carrier Energy Networks ［M］.Switzerland：Springer，2021.

［15］ Pike A，Rodríguez Pose A，Tomaney J. Local and regional development ［M］. London：Routledge，2016.

［16］ Lin J Y. Rural reforms and agricultural growth in China ［J］.The American Economic Review，1992，82（1）：34-51.

［17］ Pike A，Rodríguez-Pose A，Tomaney J. What kind of local and regional development and for whom? ［J］.Regional Studies，2007，41（9）：1253-1269.